Starthilfe für Freiberufler

Erfolgreich durch das erste Jahr

Claudia Kilian

2. Auflage

C.H.BECK

Ein Dankeschön an alle!

Ich danke allen, die mir bei der Recherche für dieses Buch hilfreich zur Seite gestanden haben, allen voran den 700 Teilnehmern meiner Umfrage. Ein großes Dankeschön gilt auch den zahlreichen erfahrenen Freiberuflern, die das Buch mit ihren Tipps und Erfahrungen bereichert haben, namentlich:

- Jutta Cram, Lektorin (www.textplusdesign.de)
- Frank Eschmann, Webgestalter und Lektor (www.franklations.eu)
- Alexander Greisle, Unternehmensberater neue Arbeitsformen (www.work-innovation.de)
- Stefanie Grewel, Fotografin (www.stefaniegrewel.de)
- Stephanie Kaufmann-Jirsa, Rechtsanwältin (www.rechtsanwalt-feldafing.de)
- Kai Oppel, PR-Berater (www.scrivo-PR.de)
- Antje Osterwold & Matthias Schmidt, Architekten (www.osterwold-schmidt.de)
- Hans-Peter Sander, PR-Berater (www.eastwestcom.net)
- Jens Seiler, Gedächtniskünstler (http://www.jens-der-denker.de)
- Bettina Stackelberg, „Die Frau fürs Selbstbewusstsein", Coach und Trainerin (www.bettinastackelberg.de)
- Sonja Schuster, Steuerberaterin (www.schuster-steuer-beratung.de)

Inhalt

Vorwort

Wie so viele meiner damaligen Kollegen habe ich nach meiner juristischen Ausbildung die nahezu einzige Chance, Berufserfahrung zu sammeln, genutzt und als Praktikantin bei einem großen Fachverlag angefangen. Als sich das Praktikum dem Ende zuneigte, fragte mich eine nette Kollegin „Hast du dir schon mal überlegt, die Arbeit freiberuflich zu machen? Auch ich habe damals so angefangen. Ich würde dir auch den ersten Auftrag geben." Zugegeben, etwas mulmig war mir damals schon. Bis zu diesem Zeitpunkt hatte ich noch nie über eine Selbstständigkeit nachgedacht. Aber es hat funktioniert, sehr gut sogar. Der finanzielle Aufwand am Anfang war gering: Ein Schreibtisch, ein Computer, die notwendige Software und Visitenkarten – das war schon alles, was ich brauchte. Etwas schwieriger waren die bürokratischen Hürden zu meistern: die Beantragung der Steuernummer, die erste Vorsteuer-Anmeldung, die Steuererklärung. Aus Gesprächen mit anderen Freiberuflern aller Berufsgruppen weiß ich, dass es vielen so ging wie mir. „Soll ich auf die Kleinunternehmerregelung verzichten? Brauche ich sofort eine Webseite? Wie berechnest du denn deine Honorare?" Das sind nur einige Fragen, die immer wieder gestellt werden. Und so entstand die Idee für dieses Buch.

Auf meiner Webseite www.rechtundsprache.de habe ich eine kleine Umfrage über die größten Anfangsprobleme durchgeführt. Die Resonanz war überwältigend: Viele der 700 Teilnehmer hinterließen sogar einen Kommentar mit weiteren Anregungen, die ich in diesem Buch gerne aufgreifen will.

Mit der zweiten Auflage kommt noch ein neuer Blickwinkel hinzu. Vor einiger Zeit habe ich mich nämlich entschieden, auch mal die andere Seite kennenzulernen – die des Auftraggebers in einem Verlagshaus. Viele Erfahrungen, die ich als Produktmanagerin in der Zusammenarbeit mit freien Autoren, Journalisten und anderen externen Dienstleistern gemacht habe, können das Bild vervollständigen.

Vielleicht noch ein Hinweis: Die Vielfalt der freiberuflichen Tätigkeiten ist groß – dieses Buch wird daher nicht allen Anforderungen jedes einzelnen Berufsbildes gerecht werden können. Ich hoffe dennoch, dass Sie Antworten auf möglichst viele Ihrer Fragen erhalten werden.

Viel Erfolg und einen guten Start in die Freiberuflichkeit wünscht Ihnen

Claudia Kilian

Aller Anfang ist schwer – oder?

Sie überlegen, künftig selbstständig tätig zu sein? Ein guter Weg, sich diesem Thema zu nähern, ist das Gespräch mit Menschen, die mit freiberuflicher Tätigkeit ihr Geld verdienen. Welche Schwierigkeiten hatten sie am Anfang?

Die größten Probleme zu Beginn der Freiberuflichkeit hatte ich (max. 3 Antworten):

- bei der Kundenakquise (49,0%, 340 Votes)
- bei der Kalkulation meiner Honorare (32,0%, 217 Votes)
- bei Buchhaltung, Steuererklärung und EÜR (30,0%, 206 Votes)
- aufgrund fehlender Einnahmen (28,0%, 194 Votes)
- durch den fehlenden Austausch mit Kollegen (21,0%, 146 Votes)
- bei rechtlichen Fragestellungen (Rechtsform, AGB usw.) (18,0%, 123 Votes)
- bei den Formalitäten der Existenzgründung (Finanzamt) (18,0%, 123 Votes)
- durch erhöhten Leistungsdruck und Stress (12,0%, 85 Votes)
- bei finanziellen Fragen (Bankkredit, Gründungszuschuss usw.) (11,0%, 79 Votes)
- bei der Gestaltung meiner Geschäftsunterlagen/Webseite (10,0%, 69 Votes)
- bei der Wahl der Krankenversicherung (6,0%, 43 Votes)
- bei der Suche nach einem geeigneten Büro (3,0%, 18 Votes)

Total Voters: **687**

Umfrage: Freiberufler sind gefragt

Wahrscheinlich werden die Antworten oder Erfahrungen so unterschiedlich ausfallen, wie die Menschen nun einmal sind, aber erste Anhaltspunkte, worauf Sie bei Ihrer bevorstehenden Existenzgründung achten müssen, werden Sie auf jeden Fall erhalten.

Die freien Berufe: Zählt mein Job dazu?

Doch wann ist man überhaupt Freiberufler? Bei den klassischen Freien Berufen (zum Beispiel Rechtsanwälte, Architekten, Ärzte) ist die Abgrenzung selten ein Problem. Viel schwieriger wird es jedoch, wenn man die vielen „Neuen Berufe" unter die Lupe nimmt, die vor allem auch im Zusammenhang mit den neuen Medien entstanden sind. Die Definition des Gesetzgebers bietet erste Anhaltspunkte:

§ 1 Abs. 2 S. 1 PartGG

Die Freien Berufe haben im Allgemeinen auf der Grundlage besonderer beruflicher Qualifikation oder schöpferischer Begabung die persönliche, eigenverantwortliche und fachlich unabhängige Erbringung von Dienstleistungen höherer Art im Interesse der Auftraggeber und der Allgemeinheit zum Inhalt.

In der Praxis wird darüber hinaus häufig auf § 18 EStG abgestellt. Dieser unterscheidet zwischen sogenannten Katalogberufen (die im Gesetz aufgezählt werden), den Berufen, die den Katalogberufen ähnlich sind, sowie den Tätigkeitsberufen. Ein Tätigkeitsberuf liegt vor, wenn eine wissenschaftliche, künstlerische, schriftstellerische oder erzieherische Tätigkeit selbstständig ausgeübt wird.

Achtung

Die Frage, ob die selbstständig ausgeübte Tätigkeit ein freier Beruf oder ein Gewerbe ist, ist letztendlich steuerrechtlicher Natur und wird vom Finanzamt entschieden. Grauzonen gibt es mittlerweile viele. Zum Beispiel verneinen viele Finanzämter bei Webdesignern oder EDV-Beratern den Freiberuflerstatus. Sollten Sie sich unsicher sein, fragen Sie besser vorher beim Finanzamt an.

Der Freiberuflerstatus kann durchaus von Vorteil sein, schließlich

- müssen Freiberufler kein Gewerbe anmelden,
- sie zahlen keine Gewerbesteuer,
- sie sind nicht zur einer doppelten Buchführung verpflichtet, eine Einnahmen-Überschuss-Rechnung reicht aus,
- eine Zwangsmitgliedschaft in der IHK ist ausgeschlossen, jedoch müssen sie, sofern ihr Berufsstand eine Kammer eingerichtet hat, dieser beitreten.

Wenn Sie zu Beginn Ihrer Tätigkeit als Freiberufler eingestuft werden, gilt dies nicht unbedingt für die gesamte Zeit Ihrer Selbstständigkeit. Wenn Sie Ihr Leistungsportfolio ändern oder erweitern, kann sich auch Ihr Status ändern.

Sie können auch gleichzeitig freiberuflich und gewerblich tätig sein und beide Tätigkeiten nach den entsprechenden Vorschriften ausüben. Voraussetzung: Beide Jobs müssen voneinander unabhängig sein und die Einnahmen und Ausgaben müssen eindeutig voneinander getrennt werden, zum Beispiel durch verschiedene Rechnungsläufe und eine getrennte Gewinnermittlung. Sind die Tätigkeiten nicht voneinander trennbar, so gilt die gesamte Tätigkeit als gewerblich.

Bin ich der richtige Typ?

In vielen Unternehmen ist es heute an der Tagesordnung, Projekte oder einzelne Aufträge an externe Firmen zu vergeben. Vor allem im IT-Bereich läuft hier auch viel über Personaldienstleister, die teilweise mit externen Mitarbeitern zusammenarbeiten. Für die Auftraggeber bedeutet das vor allen Dingen eins: Flexibilität und kurzfristiges Know-how von außen. Für die Freelancer interessante Projekte, die durchaus ihre finanziellen Reize haben können …

In den Unternehmen selbst ist der Leistungsdruck heute so groß wie nie, immer mehr Arbeit wird auf immer weniger Mitarbeiter verteilt – die Folge: Die Motivation der Mitarbeiter sinkt. Ach, könnte man doch sein eigener Chef sein! Wie anders würde man so einiges machen. Ist Selbstständigkeit eine Alternative?

Auch Absolventen weht ein rauer Wind entgegen. Stellen ohne Berufserfahrung? Fehlanzeige! Notlösung: ein Praktikum nach dem anderen. Immer noch keine Chance? Dann probiere ich es eben mal als Freelancer.

Sie sehen, die Ausgangssituationen können unterschiedlicher nicht sein. Die zentrale Frage ist jedoch immer: Notlösung oder Berufung?

Ich bin Freiberufler, weil

- ich selbstbestimmt arbeiten wollte. (85,0%, 597 Votes)
- ich keine Festanstellung gefunden habe. (15,0%, 103 Votes)

Total Voters: **700**

Umfrage: Freiberufler sind gefragt

Achtung

Häufig liest man, dass eine Existenzgründung nur funktionieren kann, wenn man mit Herzblut an die Sache herangeht. Fakt ist, dass auch solche Gründungen floppen können. Im Gegenzug kann auch eine Freiberuflichkeit aus der Not heraus sehr erfolgreich sein. Wichtig ist, dass Sie sich darüber im Klaren sind, was es heißt, sein eigener Chef zu sein.

Keine Frage, der Leistungsdruck ist auch in den Unternehmen hoch und sogenannte Low Performer werden heutzutage kritischer denn je beäugt. Dennoch ist die Verantwortung, die Sie als Selbstständiger tragen, um einiges höher. Der Kampf um jeden einzelnen Kunden, die Organisation der eigenen Arbeit, die bürokratischen Verpflichtungen usw. – als Freelancer wird Ihnen einiges abverlangt. Überlegen Sie daher vorab genau, ob Sie der richtige Typ dafür sind.

Checkliste: Selbstständigkeit ist mein Ding!	
Sich Ziele setzen und diese selbstständig und motiviert verfolgen – für mich kein Problem.	✓
Ich kann damit leben, häufig kein regelmäßiges und stabiles Einkommen zu erzielen.	
Ich bin bereit, in den ersten Jahren 50 Wochenstunden und mehr zu arbeiten, wenn es sein muss, auch am Abend und an den Wochenenden.	
Neue Ideen verfolge ich mit Eifer und Überzeugung.	
Ich behalte jedoch immer das Wesentliche im Auge.	
Unangenehme Arbeiten schiebe ich nicht auf.	
Wenn es mal kritisch wird, stecke ich nicht den Kopf in den Sand, sondern bemühe mich um eine Lösung.	
Auch Rückschläge kann ich wegstecken.	
Ich bin selbstbewusst und stehe hinter meiner Arbeit.	
Ich gehe offen und sicher auf andere Menschen zu.	
Auch bei schwierigen Menschen behalte ich die Beherrschung.	
Ich bin aber auch bereit, meinen Standpunkt zu vertreten und meine Rechte zu wahren.	
Weiterbildung in Eigeninitiative ist notwendig. Kein Thema!	

Können Sie viele Aussagen für sich mit Ja beantworten oder gibt es noch ein paar Punkte, wo Sie sagen: „Na ja, hier müsste ich vielleicht noch mal schauen, wie ich das hinkriege“?

Grundsätzlich dürfen Sie auch Ihr Umfeld nicht außer Acht lassen. Vielleicht haben Sie kleine Kinder, die Sie betreuen müssen, oder pflegebedürftige Eltern oder Verwandte? Überlegen Sie genau, ob Sie das zeitlich unter einen Hut bekommen. Genauso wichtig ist der Rückhalt in der Familie: Wie reagiert Ihr(e) Partner(in)? Würde er oder sie es verstehen, wenn Sie sich in der ersten Zeit überdurchschnittlich beruflich engagieren oder wenn das große Einkommen erst einmal auf sich warten lässt?

Achtung

Besprechen Sie mit Ihrem Partner genau, was auf Sie zukommen wird und welche Risiken, ob nun zeitlicher oder finanzieller Art, bestehen. Sicher ist es auch sinnvoll, die oben genannten Aussagen zusammen durchzugehen, um zu überprüfen, ob Sie mit Ihrer Selbsteinschätzung richtig liegen.

Welche Erfahrungen bringe ich mit?

Nachdem es bisher eher um Ihre innere Einstellung, Ihre Motivation und Ihre Unternehmereigenschaften ging, sollen nun Ihre Erfahrungen im Vordergrund stehen – und damit ist nicht Ihre fachliche Qualifikation gemeint. Es ist davon auszugehen, dass Sie darüber verfügen, wenn Sie sich für diese Tätigkeit entschieden haben. Interessant ist vielmehr: Wie gut kennen Sie die Branche? Haben Sie bereits als Festangestellter Erfahrungen gesammelt? Oder ein Praktikum absolviert? Kennen Sie die Unternehmen, die Sie als Kunden gewinnen wollen? Wie gehen Ihre Konkurrenten vor?

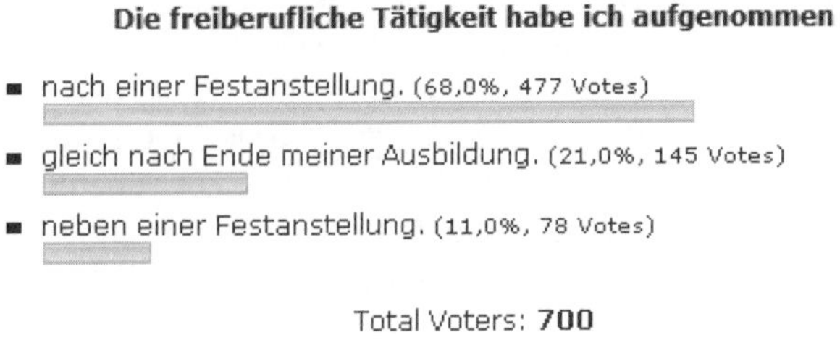

Umfrage: Freiberufler sind gefragt

Sicherlich gibt es Tätigkeitsfelder, bei denen man üblicherweise gleich nach der Ausbildung die freiberufliche Schiene wählt, etwa im künstlerischen Bereich.

Generell gilt jedoch: Wenn Sie eine freiberufliche Tätigkeit aufnehmen wollen, dann ist eine gewisse Erfahrungsbasis unbedingt von Vorteil. Ob Sie diese Erfahrung im Rahmen einer Festanstellung gesammelt oder vielleicht auch nur ein Praktikum in einer Firma absolviert haben, sei dahingestellt. Wichtig ist, dass Sie ein gewisses Verständnis dafür haben, wie Projekte in Ihrer Branche abgewickelt werden, wie Auftragsverhältnisse funktionieren, wie bestimmte Entscheidungen vor Ort getroffen werden und welche Preise realistisch sind.

Wollen Sie eher im Privatkundenbereich tätig werden, ist es vielleicht sinnvoll zu erfahren, wie andere Dienstleister ihre Aufgaben wahrnehmen. Planen Sie beispielsweise, sich als Coach zu etablieren, könnten Sie das eine oder andere Coaching buchen, um zu sehen, was Sie für Ihre eigene Arbeit übernehmen wollen und was nicht.

Erfahrungen aus der Praxis

Osterwold + Schmidt, Architekten: „Rückblickend war unser Schritt in die Selbstständigkeit so kurz nach dem abgeschlossenen Studium viel mutiger und lebensbestimmender, als uns damals bewusst war. Wir waren überzeugt von unserem unerschöpflichen Ideenpotenzial und unerschrocken vor sämtlichen Aufgaben, die uns wie selbstverständlich lösbar schienen. So barg dieser Beginn die große Chance in der unvoreingenommenen, teils auch unkonventionellen Arbeitsaufnahme mit dem Willen zur Realisierung unserer Projekte unter eigenem Namen. Zweifellos war das wirtschaftliche Risiko, den Start ohne gewachsene Struktur, längerfristig auskömmliche Projekte oder auch führungstechnische Erfahrungen zu wagen, mindestens genauso hoch. In diesem Sinne empfehlen wir jedem zum Bonus des ‚jugendlichen Elans' und energischem Durchhaltevermögen ein ebenso solides Existenzgründerseminar, das mehr als den Ansatz einer ökonomischen Realität vermitteln sollte. Ebenso wichtig: Freunde oder Verwandte, die durchgehend an einen glauben und einem zur Seite stehen."

Seien Sie gewiss: Sie werden im Laufe der Zeit noch viele Erfahrungen sammeln – ganz bestimmt auch nicht immer gute. Nach und nach wird sich jedoch eine gewisse Sicherheit einstellen.

Welche Leistungen will ich anbieten?

Die Entscheidung steht also: Von nun an wollen Sie als Freiberufler Ihr Geld verdienen. Sicherlich haben Sie auch schon gute Ideen, welche Leistungen Sie anbieten wollen.

Die heißt es nun zu konkretisieren. Nur dann können Sie Ihre Leistungen auch Kunden verkaufen. Nehmen wir zum Beispiel den Satz: „Ich bin Coach mit Schwerpunkt Karriereberatung." Hier hat der Kunde vielleicht eine gewisse Vorstellung von Ihrer Tätigkeit, aber er weiß nicht genau, ob Sie wirklich das anbieten, was er gerade braucht.

Praxistipp

Machen Sie zu Beginn ein Brainstorming: Nehmen Sie sich ein Blatt Papier zur Hand und notieren Sie alles, was Ihnen zu Ihrem Thema einfällt. Lassen Sie dabei die Wünsche und Vorstellungen Ihrer potenziellen Kunden nicht außer Acht. In welcher Situation braucht der Kunde Ihre Leistung? Womit können Sie ihm konkret helfen? Das Kapitel „Kennen Sie Ihre Kunden?" ab Seite 26 gibt Ihnen hierzu weitere Anhaltspunkte. Überlegen Sie auch, ob eine bestimmte Spezialisierung für Sie sinnvoll ist.

Mit der Zeit wird Ihr Leistungsportfolio unter Umständen wachsen – sei es, weil Sie ein Kunde fragt, ob Sie auch eine zusätzliche Leistung erbringen können, oder weil sich neue Trends in Ihrem Bereich abzeichnen. Oftmals entsteht aber auch eine vielversprechende Idee zusammen mit anderen Freelancern. Gerade zu Beginn ist man oft geneigt, jede sich bietende Möglichkeit, Einkommen zu erzielen, wahrzunehmen, um seine Existenz zu sichern. Doch ein größeres Leistungsportfolio bringt auch Probleme mit sich, derer Sie sich bewusst sein sollten:

- Zu viele Baustellen: Hier ein Auftrag, dort ein Projekt, morgen ein Vortrag – verzetteln Sie sich nicht! Bei jeder einzelnen Tätigkeit müssen Sie umdenken, sich neu einarbeiten, immer aktuell sein. Das ist auf Dauer ganz schön anstrengend, will man in allen Bereichen top sein.
- Unterschiedliche Jobs bedingen unterschiedliche Werbe- oder Akquisemaßnahmen. Auch diese müssen Sie kontinuierlich im Auge behalten.
- Aus organisatorischer oder steuerlicher Sicht ergibt sich vielleicht ebenfalls ein Mehraufwand, zum Beispiel mehrere Rechnungsläufe, Buchungskreise oder unterschiedliche Umsatzsteuersätze.
- Unter Umständen sind Sie vielleicht sogar gezwungen, aufgrund einer neuen Tätigkeit ein Gewerbe anzumelden (siehe Seite 9). Auch das bedeutet bürokratischen Mehraufwand.
- Last but not least: Verschiedene Tätigkeiten bergen auch die Gefahr, dass Sie nicht als Experte ernst genommen werden. Nehmen wir beispielsweise den Social-Media-Berater, der auf seiner Webseite auch noch Übersetzungen, Webdesign, Lektorat und Verkaufstraining anbietet. Ein Kunde wird sich denken: „Der macht aber auch alles, um Geld zu verdienen! Doch wie professionell?"

Achtung !

Wollen Sie verschiedene Leistungen anbieten, dann sollten Sie grundsätzlich darauf achten, dass der Kunde einen gewissen „Zusammenhang" erkennen kann. Bestimmte Leistungskombinationen können schließlich auch einen Mehrwert für ihn bedeuten. Bevor man zwei Dienstleister beauftragt, nimmt man doch lieber einen, der beides anbietet. Lassen sich die Leistungen jedoch nicht geschickt kombinieren, dann ist eine getrennte Darstellung (zum Beispiel auf verschiedenen Webseiten) ratsam.

Mit der Steuernummer fängt alles an

Während bei der Anmeldung eines Gewerbes das Finanzamt automatisch informiert wird, müssen Sie als Freiberufler von sich aus auf das für Sie zuständige Finanzamt zugehen (Zuständigkeiten unter www.finanzamt.de). Sie können sich das entsprechende Formular im Internet herunterladen oder das Finanzamt schickt Ihnen den „Fragebogen zur steuerlichen Erfassung" auf Anfrage zu.

! Achtung

Bitte beachten Sie, dass der Fragebogen zur steuerlichen Erfassung nicht speziell auf Freiberufler zugeschnitten ist. Das heißt, es werden auch Fragen gestellt, die Sie als Freiberufler gar nicht beantworten müssen, beispielsweise die Frage nach der Kammerzugehörigkeit und der Handelsregistereintragung.

Neben Name, Anschrift und Art der Tätigkeit will die Behörde vor allem Folgendes wissen:

- Wie hoch schätzen Sie Ihren Gewinn (Einnahmen minus Ausgaben) im Gründungsjahr und im Folgejahr ein?

(Tipp: Greifen Sie nicht gleich zu hoch, sonst legt das Finanzamt entsprechende Einkommensteuervorauszahlungen fest.)

- Werden Sie sonstige Einkünfte, etwa aus nicht selbstständiger Arbeit oder Vermietung, haben? Wie hoch werden diese ungefähr sein?
- Wie wollen Sie Ihren Gewinn ermitteln – per Bilanz oder per Einnahme-Überschuss-Rechnung (EÜR)? Als Freiberufler steht es Ihnen frei, es empfiehlt sich jedoch, auf die EÜR zurückzugreifen. (Tipp: In diesem Fall ignorieren Sie den Hinweis, die Eröffnungsbilanz beizulegen.)
- Planen Sie in nächster Zeit Mitarbeiter einzustellen?
- Wie hoch schätzen Sie Ihren Umsatz, d. h. Ihre Einnahmen, im Gründungs- und im Folgejahr ein?
- Wollen Sie als „Kleinunternehmer" besteuert werden (siehe Seite 19)?
- Umsatzsteuer: Ist- oder Soll-Besteuerung (siehe Seite 22)?
- Beabsichtigen Sie die Beteiligung an einer Personengesellschaft, also zum Beispiel einer GbR oder einer Partnerschaftsgesellschaft?
- Benötigen Sie eine Umsatzsteuer-Identifikationsnummer (USt-ID), weil Sie Geschäftsbeziehungen in anderen EU-Staaten beabsichtigen?

Kleinunternehmer oder lieber nicht?

Um Existenzgründer oder auch Selbstständige im Nebenerwerb von Bürokratie zu verschonen, hat der Gesetzgeber die Kleinunternehmerregelung bei der Umsatzsteuer eingeführt (§ 19 UStG). Wer die Regelung für sich in Anspruch nimmt, muss/darf in seinen Rechnungen keine Umsatzsteuer ausweisen. Auch die monatliche/quartalsweise Umsatzsteuer-Voranmeldung entfällt.

Als Kleinunternehmer gilt laut Gesetz, wer

- im Gründungsjahr voraussichtlich nicht mehr als 17.500 Euro Gesamtumsatz erwirtschaften wird;
- im letzten Geschäftsjahr nicht mehr als 17.500 Euro Gesamtumsatz erwirtschaftet hat und dessen Gesamtumsatz im laufenden Geschäftsjahr voraussichtlich 50.000 Euro nicht überschreiten wird.

Im „Fragebogen zur steuerlichen Erfassung" können Sie freiwillig auf die Kleinunternehmerregelung verzichten – auch dann, wenn Sie mit Ihrer Umsatzschätzung unterhalb der 17.500-Euro-Grenze liegen. In diesem Fall müssen Sie jedoch unter Umständen damit rechnen, dass das zuständige Finanzamt noch einmal nachhakt.

Was spricht für die Kleinunternehmerregelung?

- Sie müssen keine monatlichen bzw. quartalsweisen Umsatzsteuervoranmeldungen und keine jährliche Jahresumsatzsteuererklärung abgeben, haben also weniger Aufwand.
- In Ihren Rechnungen wird keine Umsatzsteuer ausgewiesen – Sie müssen weniger rechnen.
- Da Sie keine Umsatzsteuer ausweisen müssen, wird der Gesamtrechnungsbetrag niedriger – Ihre Kunden freuen

sich darüber! Dies trifft allerdings nur auf Privatkunden zu, bei Unternehmen, für die nicht die Kleinunternehmerregelung gilt, ist die Umsatzsteuer nur ein Durchgangsposten.

Was spricht gegen die Kleinunternehmerregelung?

- Da Sie keine Umsatzsteuer berechnen und abführen, können Sie auch keine Vorsteuer geltend machen. Das bedeutet, für Sie gelten letztendlich die gleichen Preise wie für Verbraucher. Ein vereinfachtes Beispiel soll dies verdeutlichen:

> ***Beispiel***
>
> *Sie wollen einen Schreibtisch (Ladenpreis: 600 Euro) erwerben. Sowohl mit als auch ohne Kleinunternehmerregelung müssen Sie den Betrag im Laden zahlen. Wenn Sie jedoch auf die Kleinunternehmerregelung verzichtet haben, dann können Sie sich die bezahlte Umsatzsteuer in Höhe von 95,80 Euro (19 Prozent) vom Finanzamt zurückholen („Vorsteuer"). Ihr Schreibtisch kostet letztendlich nur 504,20 Euro. Gerade bei größeren Investitionen lohnt sich das.*

- In Ihren Rechnungen müssen Sie darauf hinweisen, dass Sie Kleinunternehmer im Sinne von § 19 EStG sind. Damit offenbaren Sie Ihren Kunden, dass Ihr jährlicher Umsatz unter 17.500 Euro liegt. Dies könnte unter Umständen Zweifel an Ihrem Können hervorrufen.

Achtung

Wurde aus Versehen trotz Kleinunternehmerregelung Umsatzsteuer ausgewiesen, dann muss der Betrag auf jeden Fall an das Finanzamt abgeführt werden – unabhängig davon, ob der Rechnungsempfänger die Umsatzsteuer auch tatsächlich gezahlt hat oder nicht. Wenn Sie jedoch unmittelbar danach eine Berichtigung der Rechnung vornehmen, können Sie die Zahlung vermeiden.

Ist- oder Sollbesteuerung?

Auch diese Frage müssen Sie im Fragebogen zur steuerlichen Erfassung beantworten. Sie betrifft aber nur diejenigen, die auf die Kleinunternehmerregelung verzichtet haben und in ihren Rechnungen Umsatzsteuer ausweisen müssen. Als Ist-Versteuerer müssen Sie die Umsatzsteuer erst in dem Monat abführen, in dem Sie das Geld erhalten haben, als Sollversteuerer schon in dem Monat, in dem Sie die Rechnung gestellt haben. Üblicherweise greifen insbesondere Freiberufler und kleinere Unternehmen, die eine EÜR abgeben, auf die Istbesteuerung zurück. Zur Sollbesteuerung verpflichtet sind nur Gewerbetreibende, die einen bestimmten Umsatz erzielen. Diese Grenze liegt bei 500.000 Euro.

Bekomme ich einen Gründungszuschuss?

Ein kritischer Punkt, den Sie gerade zu Beginn nicht außer Acht lassen dürfen, ist das Einkommen. Man hat sich noch keinen Namen gemacht, die Kunden sind noch rar, bei vielen Projekten muss man erst in Vorleistung gehen, bevor man eine Rechnung stellen kann. Umso wichtiger ist es, dass Sie sich darüber Gedanken machen, welche Möglichkeiten Ihnen offenstehen, um gut durch die erste Zeit zu kommen: Vielleicht haben Sie Ersparnisse, möglicherweise stehen auch Ihre Familie bzw. Ihr Partner hinter Ihnen.

Waren Sie vor der Gründung arbeitslos gemeldet, können Sie auch einen Gründungszuschuss beantragen. Voraussetzung ist, dass Sie bis zur Aufnahme der selbstständigen Tätigkeit einen Anspruch auf Arbeitslosengeld von mindestens 150 Tagen haben. Der zeitliche Umfang der selbständigen Tätigkeit muss dazu führen, dass die Arbeitslosigkeit beendet wird. Sie muss mindestens 15 Wochenstunden umfassen. Zudem müssen Sie darlegen, dass Sie die notwendigen Kenntnisse und Fähigkeiten zur Ausübung der selbstständigen Tätigkeit haben.

Achtung

Der Gründungszuschuss ist mittlerweile eine Ermessensleistung, das bedeutet, dass Sie auf die Leistung keinen rechtlichen Anspruch haben.

Die Förderung erfolgt in zwei Phasen: In den ersten sechs Monaten werden ein Zuschuss in Höhe des zuletzt bezogenen Arbeitslosengeldes und weitere 300 Euro zur sozialen Absicherung (Kranken- und Pflegeversicherung sowie Altersvorsorge) gewährt. Können Sie danach eine intensive Geschäftstätigkeit und hauptberufliche unternehmerische Aktivitäten nachweisen, erhalten Sie für weitere neun Monate 300 Euro monatlich zur sozialen Absicherung.

Wurde die selbstständige Tätigkeit abgebrochen, ist eine erneute Förderung erst wieder nach 24 Monaten möglich.

Auf den Punkt gebracht

- Freiberufler erbringen Dienstleistungen auf der Grundlage besonderer beruflicher Qualifikation oder schöpferischer Begabung. Sie müssen kein Gewerbe anmelden und zahlen keine Gewerbesteuer. Bei der Entscheidung kommt es immer auf den Einzelfall an.
- Bestimmte Fähigkeiten sind wichtig, um die Eigenverantwortung als freiberuflicher Unternehmer tragen zu können. Sind Sie ein Unternehmertyp?
- Egal ob im Rahmen einer Festanstellung oder „nur" durch ein Praktikum – ein gewisser Erfahrungsschatz ist von Vorteil. Wie tickt Ihre Branche? Wie werden Aufträge vergeben und worauf kommt es dabei an?
- Um Ihre Leistungen an den Kunden zu bringen, müssen Sie sie so konkret wie möglich fassen – immer unter dem Aspekt: Was braucht der Kunde? Ihr Leistungsportfolio wird unter Umständen auch wachsen, doch hüten Sie sich vor „zu vielen Baustellen".
- Mit dem Fragebogen zur steuerlichen Erfassung erhalten Sie eine Steuernummer vom Finanzamt. Ob Kleinunternehmer oder nicht – entscheiden Sie!
- Wenn Sie noch mindestens 150 Tage Anspruch auf ALG I haben, können Sie einen Gründungszuschuss beantragen. Auf diese Leistung besteht jedoch kein Rechtsanspruch.

Kunden finden leicht gemacht

Ein Blick auf die Umfrageergebnisse auf Seite 7 zeigt, dass die Kundenakquise wohl zu den größten Problemen zu Beginn der Freiberuflichkeit zählt. Daher soll auch gleich das zweite Hauptkapitel diesem Thema gewidmet werden. Über welche Kanäle akquirieren die meisten Freiberufler ihre Kunden? Die folgende Grafik macht es deutlich.[1]

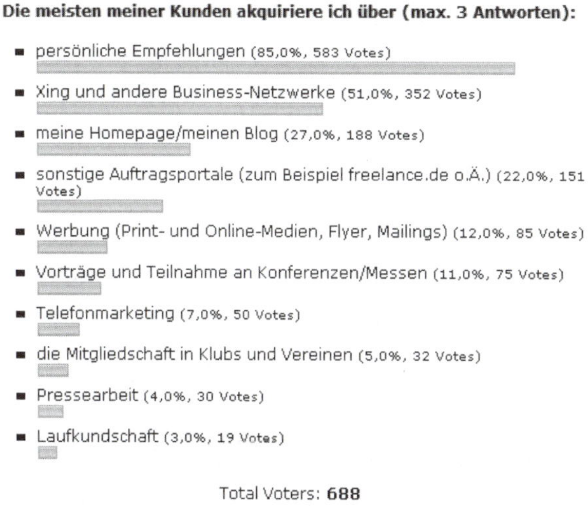

Erstaunlicherweise akquirieren über 50 Prozent der Teilnehmer ihre Kunden über XING und andere Business-Netzwerke. Dies zeigt eine eindeutige Entwicklung in Richtung Selbstvermarktung via Social-Media-Tools, die in die-

[1] 12 Teilnehmer haben diese Frage nicht beantwortet.

sem Kapitel auch gebührend gewürdigt werden soll. Doch um entscheiden zu können, mithilfe welcher Akquisemaßnahmen Sie Ihre Zielgruppe erreichen, sollten Sie zunächst einmal sicher sein, welche Kunden Sie überhaupt ansprechen wollen.

Kennen Sie Ihre Kunden?

Nur wer seine Zielgruppe, also seine Kunden, genau kennt, weiß auch, wie er sie richtig ansprechen kann. Es ist also sehr wichtig, dass Sie zu Beginn ein klares Bild von Ihren Kunden im Kopf haben, um zum einen natürlich Ihre Dienstleistung genau deren Wünschen und Bedürfnissen anpassen zu können, zum anderen aber auch, um einzuschätzen, über welche Kanäle Sie am besten an diese Kunden herankommen.

!

Achtung

Im Laufe Ihrer Selbstständigkeit wird sich unter Umständen auch Ihr Leistungsangebot wandeln, vielleicht werden neue Dienstleistungen hinzukommen, andere werden wegen mangelnder Rentabilität eingestellt. Sie werden mit der Zeit merken, was gut funktioniert, und ein besseres Gespür für die Zielgruppe entwickeln. Wichtig ist jedoch, dass Sie Ihr Angebot zunächst stets mit den Augen des Kunden unter die Lupe nehmen.

Die folgende Checkliste soll Ihnen dabei helfen, Ihre Zielgruppe näher zu bestimmen.

Checkliste: Wer ist meine Zielgruppe?	
Wird meine Leistung hauptsächlich von Firmenkunden oder von Endkunden (Verbrauchern) benötigt?	✓
Bei Firmenkunden (B2B):	
Wer ist der Entscheider?	
In welchen Situationen wird die Leistung benötigt?	
Ist man an einer langfristigen Geschäftsbeziehung oder an einer einmaligen Leistung interessiert?	
Kauft der Kunde Wissen ein oder könnte er die Leistung auch selbst erbringen, anstatt sie outzusourcen?	
Sucht man einen absoluten Topspezialisten oder kann die Aufgabe auch ein Anfänger erledigen?	
Bestehen bei Existenzgründern besondere Anforderungen?	
Bei Endkunden (B2C):	
In welcher Situation benötigt der Kunde meine Leistung? Was ist sein Bedürfnis, sein Problem?	
Wie wichtig ist ihm die Leistung? Kann er darauf verzichten?	
Sucht er aktiv nach einem Anbieter oder stößt er durch Zufall auf Leistungen wir die meine? Welche Medien nutzt er?	
Hat der Kunde Vorwissen?	
Wie alt ist der Kunde?	
Wo wohnt er?	
Wie ist seine gesellschaftliche, soziale Situation (zum Beispiel Beruf, Familienstand, Religion)?	
Wie groß ist seine Kaufkraft? Welches Einkommen steht ihm zur Verfügung?	

Was macht die Konkurrenz?

Sobald Sie Ihre Zielgruppe näher eingegrenzt haben, ist ein Blick in Richtung Konkurrenz angesagt. Welche Leistungen bieten Ihre Mitwettbewerber an und wie können Sie sich davon abheben? In erster Linie soll es dabei jedoch nicht um den Preis gehen, sondern darum, mit welchen Leistungen Sie genau den Nerv Ihrer Kunden treffen. Sie kennen die Probleme, Bedürfnisse und Wünsche – es ist nun an Ihnen, das zu Ihrem Vorteil zu nutzen.

Praxistipp

Um Ihren Service genau auf die Bedürfnisse und Wünsche Ihrer Kunden abzustimmen, sollten Sie diese auch zu Wort kommen lassen – entweder im persönlichen Gespräch oder aber Sie erbitten Rückmeldungen, zum Beispiel mit Umfragen auf Ihrer Webseite oder durch Fragebögen.

Ob Schnupperkurse, Komplettpakete oder regelmäßige Zusatzinformationen – Sie haben viele Alternativen, sich durch Ihr Leistungsangebot von Ihren Mitbewerbern abzuheben. Aber natürlich kommt es immer auf die jeweilige Tätigkeit und auf die Zielgruppe an. Überlegen Sie: Was könnte Ihre Kunden überzeugen, Ihre Leistung anzunehmen und nicht die des benachbarten Konkurrenten?

Ich bin Experte für genau Ihr Problem!

Eine weitere Möglichkeit, aus der breiten Masse herauszustechen, ist eine Spezialisierung auf bestimmte Themen oder Zielgruppen. Damit profilieren Sie sich als Kenner – und damit als Experte! – einer bestimmten Materie bzw. Branche und der genauen Bedürfnisse der jeweiligen Zielgruppe. Auf der anderen Seite besteht natürlich die Gefahr, dass Sie dadurch andere Kunden ausschließen. Überlegen Sie also: Wollen Sie lieber breit aufgestellt sein und auf die Masse der Kunden setzen? Oder wollen Sie lieber einen ausgewählten Kundenstamm bedienen und das Risiko einer kleineren Zielgruppe in Kauf nehmen? Dieses Risiko können Sie jedoch unter Umständen durch einen „Expertenzuschlag" wieder ausgleichen.

Beispiele aus der Praxis

- *Journalist mit Schwerpunkt Tiere oder Pflanzen*
- *Pressearbeit für Coaches und Trainer*
- *Filmmusik für Dokumentarfilme*
- *Webseitengestaltung für Rechtsanwälte*
- *Unternehmensberatung für Gastronomieeinrichtungen*

Dem Traumkunden auf der Spur

Natürlich kann Arbeit nicht immer Spaß machen; wenn sie es tut – umso besser! Und dazu gehört auch das Thema Kundenbeziehungen. Eine Arbeit, bei der man nur mit schwierigen, anstrengenden oder gar knickrigen Kunden zu tun hat, ist auf Dauer wohl frustrierend. Es schadet also nicht, nach einer gewissen Zeit zu resümieren, für welche oder mit welchen Kunden man am liebsten arbeitet, welche Jobs interessant und welche zwar nicht angenehm, aber lukrativ sind.

- Mit welcher Art von Kunden arbeite ich gerne?
- Bei welchen Aufträgen stimmen Aufwand und Entgelt?
- Welche Kunden bringen besonders profitable Aufträge?
- Welcher Kunde empfiehlt mich weiter?
- Welcher Auftrag steht für ein besonderes Renommee?

Nicht selten steht am Anfang einer freiberuflichen Tätigkeit das Motto: „Lieber den Spatz in der Hand als die Taube auf dem Dach – Hauptsache, ich habe Kunden." Im Laufe der Zeit sollten Sie jedoch schon das Augenmerk auf Aufträge richten, die sich auch wirklich lohnen. Investieren Sie nur Energie und Zeit und verdienen wenig, dann sollten Sie überlegen, ob Sie auf diesen Kunden nicht verzichten und die Zeit besser nutzen sollten, um lukrativere Kunden zu akquirieren. Einen Auftrag oder Kunden abzulehnen kostet am Anfang sicherlich etwas Überwindung. Aber es ist notwendig, um ein angemessenes Verhältnis zwischen Aufwand und Honorar zu schaffen, mit dem Sie auf lange Sicht gesehen zufrieden sind.

Praxistipp

Wie werden Ihre Kunden auf Sie aufmerksam? Fragen Sie sie am besten selbst – ob im persönlichen Gespräch oder im Rahmen eines Kontaktformulars! Nur so können Sie gut einschätzen, welche Werbe- oder PR-Maßnahmen tatsächlich wirken, was Sie verbessern oder was Sie ausbauen sollten.

Networking: Gerne auf Empfehlung

Kontakte, Kontakte, Kontakte – gerade zu Beginn einer freiberuflichen Tätigkeit ist es wichtig, sich ein umfangreiches Netzwerk aufzubauen. Ob nun im virtuellen Raum oder durch persönliche Kontakte – das hängt davon ab, welche Kunden Sie hauptsächlich ansprechen wollen. Für viele ist sicherlich auch eine Kombination sinnvoll. Die virtuellen Netzwerke werden ab Seite 51 behandelt; an dieser Stelle soll es verstärkt um den persönlichen Kontakt gehen, um branchenbezogene oder regionale Netzwerke.

Wenn Sie zuvor bereits als Festangestellter, Praktikant oder auch als fester Freier in einem Unternehmen gearbeitet haben, sind die Kontakte zu Ihren ehemaligen Kollegen ein erster Grundstock Ihres Netzwerks. Versäumen Sie daher nicht, diesen Kollegen bereits vor Beginn oder gleich nach der Existenzgründung persönlich oder per Mail mitzuteilen, dass Sie nun als Freiberufler Ihr Geld verdienen werden. Noch besser ist es natürlich, wenn Sie gleich eine Visitenkarte oder einen Flyer mit Ihrem Leistungsangebot parat haben. Übergeben Sie am besten gleich mehrere Exemplare mit der Bitte, diese an andere Interessenten weiterzureichen. Auch wenn es Ihnen vielleicht zu Beginn unangenehm sein sollte: Scheuen Sie sich nicht, Ihre ehemaligen Kollegen – und nicht nur die, sondern auch Ihre Freunde, Bekannte und Verwandte – bewusst aufzufordern, Sie bei Ihrem Neubeginn zu unterstützen. Ein „Wenn du mal was hörst – wäre klasse, wenn du an mich denkst. Du weißt ja, gerade zu Beginn ..." wird Ihnen niemand übel nehmen. Und vielleicht bringt es Ihnen ja den einen oder anderen Kunden, probieren Sie es aus!

Praxistipp

Auch wenn die Branche eine ganz andere ist, als die, in welcher Sie zukünftig arbeiten wollen: Der Kontakt zu Ihren ehemaligen Kollegen ist für Weiterempfehlungen oftmals Gold wert. Schließlich weiß man an Ihrem ehemaligen Arbeitsplatz, wie gut Sie arbeiten und wie zuverlässig Sie sind. Und man kann nie wissen, wohin es die Kollegen mal verschlagen wird.

Genauso wichtig – und vor allem effektiv – sind die Empfehlungen bereits bestehender Auftraggeber. Vergessen Sie also nicht, Ihre Kunden nach einem abgeschlossenen Projekt darauf hinzuweisen, dass Sie sich über eine Weiterempfehlung freuen. Ein Auftraggeber, der mit Ihrer Arbeit zufrieden war, wird dies gerne tun.

Bei einem großen Unternehmen können Sie natürlich auch direkt fragen, ob Ihre Leistungen auch in anderen Abteilungen gebraucht werden und ob man Ihnen den Kontakt zu anderen Ansprechpartnern vermitteln könne.

Praxistipp

Besonders, wenn Sie für ein großes oder namhaftes Unternehmen gearbeitet haben, sollten Sie sogar nach einer Referenz oder einem persönlichen Empfehlungsschreiben fragen.

In Kontakt mit der Branche

Gerade zu Beginn einer selbstständigen Tätigkeit weiß man oftmals noch nicht so richtig, wohin der Hase läuft. Hat man keinen persönlichen Mentor, der einem ein bisschen unter die Arme greift, dann ist guter Rat in so mancher Angelegenheit teuer. Bevor Sie jedoch unnötiges Lehrgeld zahlen oder einen Spezialisten konsultieren: Vielleicht bietet Ihnen ein Berufsverband die richtige Unterstützung. Ob Journalisten, Lektoren, Grafiker etc. – für viele freie Berufe gibt es eine entsprechende Vereinigung. Gegen eine Jahresgebühr profitieren die Mitglieder oftmals von einer Vielzahl hilfreicher Leistungen, zum Beispiel:

- Informations- und Fortbildungsangebote
- vergünstigte Versicherungsbedingungen
- Beratung bei Existenzgründung und in Rechtsfragen
- reduzierte Eintrittspreise bei Kongressen und anderen Branchenveranstaltungen
- regionale Netzwerk-Veranstaltungen und Stammtische
- Bereitstellung von Werbeplattformen und Registern

Verschiedene Berufsverbände im Überblick

- *Deutscher Fachjournalistenverband (www.dfjv.de)*
- *Verband der Freien Lektorinnen und Lektoren (www.vfll.de)*
- *Berufsverband der Deutschen Kommunikationsdesigner (www.bdg-designer.de)*
- *Bundesverband der Dolmetscher und Übersetzer (www.bdue.de)*

Dies ist nur eine kleine Auswahl – auf der Homepage des Bundesverbandes der Freien Berufe (www.freie-berufe.de), dort unter „Über uns" -> „Mitglieder", finden Sie eine ausführliche Übersicht der dort zusammengeschlossenen Berufsverbände.

Jetzt werden Sie vielleicht sagen: „Was nutzt mir der Kontakt zu meiner Konkurrenz? Ich bin auf Kundensuche!" Teilweise haben Sie damit sogar recht. Natürlich stehen Sie alle in puncto Kundenakquise auf der gleichen Seite und niemand wird es gerne sehen, wenn jemand nur darauf aus ist, anderen die Auftraggeber „auszuspannen". Sehen Sie es daher eher unter dem Gesichtspunkt „Synergien": Vielleicht ergibt sich ja das ein oder andere gemeinsame Projekt, ein Kollege sucht vielleicht einen Kooperationspartner oder er hat im Moment so viele Aufträge, dass er welche abgeben muss. Oder er hat eine Kundenanfrage erhalten, die er fachlich nicht erfüllen kann, weil er einen anderen Schwerpunkt hat. Gerade hierin besteht ein großer Vorteil eines brancheninternen Netzwerks: Lehnt man einen Auftrag ab, verliert man den Kunden unter Umständen an die Konkurrenz, zum Beispiel an eine größere Agentur, die viele Bereiche abdeckt. Können Sie jedoch sagen: „Ich selbst kann den Auftrag nicht annehmen, aber ich arbeite in dem Bereich schon länger mit Frau Schmidt zusammen. Darf ich Ihnen den Kontakt herstellen?", dann spricht das für Ihre Professionalität, Sie haben einen Auftrag und der Kunde ist zufrieden.

Praxistipps

Besonders die von vielen Verbänden angebotenen Netzwerk-Veranstaltungen und Stammtische sind gut, um mit Gleichgesinnten ins Gespräch zu kommen. Oftmals sind dort auch fest angestellte Kollegen und damit potenzielle Auftraggeber vertreten.

Regional im Gespräch

Das eben Gesagte gilt natürlich nicht nur für die Branchentreffs, sondern auch für regionale Veranstaltungen, die sich in vielen Orten etabliert haben. Ob Unternehmer-Stammtisch, Business-Frühstück oder Freelancer-Lounge – die Veranstaltungen sind so vielfältig wie ihre Namen. Eines haben sie jedoch gemeinsam: Hier steht das regionale Netzwerken im Vordergrund. Meist sind die Treffen so angelegt, dass die Teilnehmer sich und ihre Tätigkeit zunächst kurz vorstellen. So weiß man gleich zu Beginn, wer unter Umständen ein interessanter Gesprächspartner wäre. Oft werden Veranstaltungen zusätzlich auch mit einem Vortrag oder einem Workshop eines Teilnehmers bereichert.

Praxistipp

Sollte sich Ihre Tätigkeit für einen solchen Vortrag eignen, dann nutzen Sie die Gunst der Stunde und bieten Sie Ihr Thema den Veranstaltern an. Um Ihre Zuhörer in Neukunden zu verwandeln, können Sie am Ende zum Beispiel spezielle Gutscheine für eine Schnupperstunde o. Ä. verteilen oder auslegen.

Durch die regelmäßige Teilnahme an regionalen Veranstaltungen entsteht oftmals ein dichtes, effektvolles Netzwerk: Die Teilnehmer lernen sich kennen, es kommt vielleicht zu gemeinsamen Projekten, man empfiehlt sich gegenseitig.

!

Experten kommen zu Wort

Bettina Stackelberg, die Frau fürs Selbstbewusstsein, Coach, Trainerin & Buchautorin: „Mit der Tür ins Haus fallen und sofort nach dem ersten ‚Guten Tag!' gleich mit der Visitenkarte wedeln – das kommt nie gut an. Lernen Sie sich kennen, fahren Sie Ihre Antennen aus, bleiben Sie dezent. Ein stabiles und funktionierendes Netzwerk basiert auf Vertrauen und Zuverlässigkeit – und das entsteht nicht von jetzt auf gleich. Vielleicht noch ein Tipp: Erwarten Sie nicht ein Geben und Nehmen eins zu eins nach dem Motto „Ich hab dir jetzt gegeben, also möchte ich auch was von dir bekommen!" Geben Sie großzügig und absichtslos – und Sie bekommen etwas zurück. Mit Sicherheit. Wenn auch vielleicht von ganz anderer Seite. Lassen Sie sich überraschen!"

Referenzen: Worauf müssen Sie achten?

Während Arbeitnehmer laut Gesetz ein Anrecht auf ein qualifiziertes Arbeitszeugnis haben, stehen viele Freiberufler vor der Frage: Wie kann ich nachweisen, was ich alles schon gemacht habe, was ich kann und für wen ich schon gearbeitet habe? Gerade wenn sie sich bei Unternehmen vorstellen wollen oder unter Umständen sogar eine (teilweise) Festanstellung anstreben, haben viele nichts in der Hand. Hier kann ein Referenzschreiben Abhilfe schaffen. Während Referenzen und persönliche Empfehlungsschreiben im britischen und amerikanischen Raum gang und gäbe sind, sind sie in Deutschland noch nicht so verbreitet. Es ist jedoch abzusehen, dass sie durch die im Trend liegende Auslagerung vieler Tätigkeiten an Externe sowie die steigende Anzahl von Freiberuflern in nächster Zukunft an Bedeutung gewinnen werden.

Achtung

Natürlich ist Ihr Auftraggeber nicht verpflichtet, Ihnen ein Empfehlungsschreiben auszustellen – es sei denn, Sie haben dies vertraglich vereinbart. Dennoch wird er, gerade wenn er selbst Unternehmer ist und mit Ihrer Leistung zufrieden war, für Ihr Anliegen Verständnis haben.

Genau wie ein Arbeitszeugnis sollte das Referenzschreiben unter anderem Auskunft über die Art, Struktur und Dauer des Auftrags sowie über Ihre Aufgaben und Tätigkeiten geben. Darüber hinaus können (und sollten) natürlich auch bestimmte Leistungs- bzw. Verhaltenskriterien erwähnt werden, zum Beispiel:

- Fachkenntnisse, Erfahrung und besondere Fähigkeiten
- Arbeitsergebnisse, besondere Leistungen und Erfolge
- Engagement, Zuverlässigkeit und Flexibilität
- ggf. Kreativität
- Zusammenarbeit mit anderen Mitarbeitern in der Firma

Praxistipp

Das Referenzschreiben sollte natürlich eine grundsätzliche Wertschätzung des Auftraggebers zum Ausdruck bringen. Eine besondere Geste wäre eine Empfehlungsformulierung für zukünftige Auftraggeber.

Diese Vorteile hat ein Referenzschreiben:

- Da der Referenzgeber nicht verpflichtet ist, eine Empfehlung auszustellen, kann er im Prinzip hervorheben, was er mag – er ist nicht an formale und inhaltliche Vorgaben gebunden. Auch ein verklausulierter Zeugniscode ist nicht notwendig – das Geschriebene entspricht in der Regel dem, was der Aussteller ausdrücken wollte.
- Da die Referenz keinen Vorschriften unterliegt, kann sie sehr persönlich abgefasst sein – das Ergebnis ist oftmals ein sehr individuelles und authentisches Dokument.
- Sie können die Referenzen bzw. Teile davon sehr gut auf Ihrer Webseite platzieren.
- Viele Referenzgeber bieten an, für telefonische Rückfragen zur Verfügung zu stehen. Dadurch können sich potenzielle Auftraggeber ein umfassenderes Bild über Sie und Ihre Leistung machen.

Praxistipp

Fragen Sie Ihren Auftraggeber unbedingt, ob telefonische Rückfragen von potenziellen Kunden möglich sind, und fragen Sie nach detaillierten Kontaktdaten.

Muster: Referenzschreiben Innenarchitektin

Frau Regina Sommer hat uns zu Beginn dieses Jahres bei der Neugestaltung unserer Agentur sehr kompetent und feinfühlig unterstützt. In intensiver und behutsamer Auseinandersetzung mit uns, unserer Arbeit und unseren Werten entstanden repräsentative Büroräume, die unser Ansinnen und unsere Arbeit authentisch widerspiegeln. Wir fühlen uns rundum wohl an unseren neu gestalteten Arbeitsplätzen und verdanken ihrem ausgezeichneten Gespür für schöne und funktionale Räume, ihrer Professionalität und ihrem großen Engagement zahlreiche positive Rückmeldungen unserer Kunden. Wir können Frau Sommer und ihre professionelle Arbeit nur wärmstens weiterempfehlen. Gerne sind wir auch bereit, für weitere Auskünfte telefonisch zur Verfügung zu stehen.

Praxistipp

Eine weitere – sogar unkompliziertere – Möglichkeit, um eine Empfehlung zu bitten, bietet sich auch über Netzwerke wie zum Beispiel XING oder freelance.de, die mittlerweile solche Funktionen aufgenommen haben.

Was bringt eine eigene Webseite?

Brauche ich überhaupt eine eigene Webseite oder geht es auch ohne? Diese Frage ist nicht ganz einfach zu beantworten, schließlich kommt es doch hauptsächlich darauf an, welche Tätigkeit Sie ausüben und ob Ihre Zielgruppe internetaffin ist. Fakt ist jedenfalls, dass es in Zeiten, in denen man viele Recherchemaßnahmen auf das Internet verlegt hat, durchaus von Vorteil ist, über einen Auftritt im Web zu verfügen. Überprüfen Sie sich doch mal selbst: Wenn Sie einen Anbieter für bestimmte Aufgaben, zum Beispiel für Visitenkarten, oder einen Zahnarzt in Ihrer Nähe suchen, wo schauen Sie nach?

Eine gute Webseite verlangt vor allem eines: ein gut durchdachtes Konzept. Das sollten Ihre ersten Gedanken sein:

- Was ist das Ziel meiner Webseite?
- Wen will ich mit meiner Webseite ansprechen?
- Welche Inhalte will ich auf der Seite anbieten?

Wie soll Ihre Webseite aussehen und was muss sie können?

Nachdem Sie diese Fragen geklärt haben, geht es an Struktur und Gestaltung: Wenn Sie Erfahrung und Kenntnisse in puncto Webgestaltung haben, können Sie die Sache selbst angehen, andernfalls ist es sicher besser, einen Experten zu beauftragen, damit die Seite professionell wirkt. Das ist sicher keine ganz billige Angelegenheit, doch mit einer umfassenden Vorbereitung Ihrerseits und entsprechender Beratung, was für Sie infrage kommt, sollten Sie eine gute Lösung erzielen. Überlegen Sie, welche Aufgaben Sie selbst erledigen können und welche Sie einkaufen wollen.

Praxistipp

Was liegt näher, als einen Webgestalter im Internet zu suchen? Die geografische Nähe ist schließlich nicht unbedingt notwendig. Doch wie finden Sie unter der Vielzahl von Anbietern den richtigen für Ihr Anliegen? Natürlich sollte bereits die Webseite des Anbieters als optisches Aushängeschild fungieren, unter Umständen gibt er auch Referenzseiten an. Alternative: Sie suchen im Internet nach Seiten, die Ihren Vorstellungen entsprechen; viele enthalten einen Hinweis, wer die Seite gestaltet hat.

Bevor Sie ein Angebot (oder mehrere) einholen, sollten Sie ein Vorgespräch führen.

- Ermittelt der Anbieter als Erstes Ihren Bedarf?
- Geht er dabei auf Ihre Vorstellungen ein?
- Verzichtet der Anbieter auf Fachchinesisch und erklärt er verständlich?
- Fühlen Sie sich bei ihm gut aufgehoben, d. h. stimmt auch die menschliche „Chemie"?

Die Gestaltung einer Webseite ist das, was Ihren potenziellen Kunden als Erstes ins Auge springt. Sie muss professionell aussehen und zu Ihrem Tätigkeitsgebiet passen. Ein guter Webdesigner wird Sie entsprechend beraten können. Es kann jedoch nicht schaden, wenn Sie sich zuvor einige Gedanken darüber machen.

Checkliste: Wie soll meine Homepage aussehen?	
Bevorzugen Sie eine statische Seite oder ein Content-Management-System (CMS)? Ist es Ihnen wichtig, dass Sie selbst Inhalte einstellen können?	✓
Ist eine Flashanimation gewünscht?	
Mit welchen Attributen würden Sie Ihre Wunschseite beschreiben: modern, verspielt, puristisch, verschnörkelt, elegant, sachlich etc.?	
Welche Schriftarten gefallen Ihnen? Vielleicht finden Sie ein paar Beispiele im Internet, die Sie vorzeigen können.	
Welche Farben passen zu Ihnen und zu Ihrer Tätigkeit?	
Vielleicht haben Sie schon verschiedene Geschäftsunterlagen (Briefpapier, Visitenkarten), zu denen die Seite passen soll (Stichwort: Corporate Design). Legen Sie diese unbedingt vor. Tipp: Viele Dienstleister bieten auch Webseite und Geschäftsunterlagen im Paket an!	
Umfang: Wie viele Seiten und Unterseiten sind geplant?	
Welche Struktur, welche Gliederungspunkte haben Sie sich vorgestellt? Wie viele Spalten soll die Seite haben?	
Welche Logos/Grafiken/Fotos möchten Sie auf der Seite eingebunden haben? An welcher Stelle?	
Wollen Sie vielleicht sogar Videos/Podcasts einbinden?	
Was ist mit einer Community/einem Forum/einem Blog?	
Wünschen Sie eine Kommentarfunktion?	
Soll ein Online-Shop eingebunden werden?	
Wollen Sie Inhalte zum Download anbieten?	
Benötigen Sie ein Kontaktformular?	
Wie steht es mit RSS-Feeds?	
Soll die Seite suchmaschinenoptimiert getextet werden?	

Zwar wurden in der Checkliste bereits die inhaltlichen Punkte „Umfang" und „Struktur"abgefragt, dennoch soll an dieser Stelle explizit darauf hingewiesen werden: Neben dem optischen Eindruck zählt natürlich auch der Inhalt. Was muss alles auf eine Webseite? Die folgende Aufzählung möglicher Inhalte ist natürlich nicht abschließend, sie soll nur als Anregung dienen.

- **Leistungsprofil:** Welche Leistungen bieten Sie an? Was sind die Vorteile für den Nutzer? Welches Konzept, welche Idee, welcher Ansatz steckt dahinter? Was kostet das?
- **Über mich/uns:** Was qualifiziert Sie, diese Leistungen anzubieten? Was gibt es über Ihre Vita zu sagen? Über Ihre Einstellung, Ihr Arbeitsmotto? Durch ein gutes (professionelles) Foto oder vielleicht auch ein Videocast weiß man gleich, mit wem man es zu tun hat!
- **Referenzen:** Für wen haben Sie bereits gearbeitet? Welche Projekte können Sie vorweisen (Fotos)? Haben Sie einige Testimonials, die Sie auf Ihrer Seite integrieren können?
- **Preise**: Honorarvorstellungen auf der Webseite – darüber streiten sich die Geister. Kunden mögen es vielleicht immer ganz gerne, wenn sie auf den ersten Blick sehen, was finanziell auf sie zukommt. Auf der anderen Seite können Art und Umfang eines Auftrags auch immer verschieden sein oder Sie müssen den Aufwand genau einschätzen.
- **Presse:** Welche Pressemitteilungen haben Sie bereits veröffentlicht? Auch auf Ihrer Webseite können Sie ein Archiv pflegen. Darüber hinaus ist natürlich auch Ihre

Resonanz in den Medien (Pressespiegel) interessant. Sie haben ein professionelles Video von sich, vielleicht einen Fernsehmitschnitt? Oder ein Radiointerview? Hier ist Platz dafür! Inhalte wie diese können Sie vielleicht in einem gesonderten Download-Bereich anbieten, genauso wie Logos, Fotos und Screenshots.

- **Partner/Kooperationen:** Nehmen wir mal an, Sie sind als Redakteur für tolle Texte zuständig – wie viel interessanter wären Sie gleich für Ihre Kunden, wenn Sie auf Ihrer Seite demonstrieren: „Sie können mich auch für Komplettaufträge buchen. Ich habe die passenden Leute an der Hand", zum Beispiel den Webgestalter, die Übersetzerin, den Toningenieur, die Grafikerin, den PR-Berater usw.
- **Mitgliedschaften:** In welchen Organisationen sind Sie Mitglied? Besitzen Sie unter Umständen ein Gütesiegel eines Berufsverbands o. Ä., das Sie einbinden können?
- **News:** Gibt es bei Ihnen immer mal was Neues: aktuelle Themen, Branchenmeldungen, abgeschlossene Projekte? Hier könnte auch ein Blog eingebunden werden.
- **Downloads:** Haben Sie es etwas, was Sie Ihren Kunden (vielleicht sogar kostenlos) zur Verfügung stellen wollen? Muster? Arbeitshilfen? Kleine Onlinetools?
- **Kontaktdaten:** Wie können Ihre Kunden Sie erreichen (Telefon, Fax, E-Mail, Adresse)?

Achtung: Impressumspflicht

Der letztgenannte Punkt ist sogar sehr wichtig: Sie haben als Inhaber einer geschäftlichen Internetseite eine gesetzliche Pflicht, eine sogenannte Anbieterkennzeichnung, oft auch „Impressum" genannt, auf Ihrer Seite einzubinden. Andernfalls kann man Ihnen eine Ordnungswidrigkeit vorwerfen, die mit einer Geldbuße von bis zu 50.000 Euro geahndet werden kann. Zudem könnte auch ein Wettbewerbsverstoß im Raum stehen, der unter anderem zu Ansprüchen auf Unterlassung führen kann. Nicht selten werden Letztere mittels kostenpflichtiger Abmahnungen durchgesetzt, und das kann teuer werden.

Praxistipp

Auf der Webseite www.e-recht24.de (dort unter „Impressum-Generator") finden Sie einen Generator, mit dessen Hilfe Sie schnell und einfach ein rechtssicheres Impressum erstellen können. Der Dienst ist kostenlos.

Blogs & Co. – nur für private Nutzer?

Blogs, das ist doch nur was für Privatleute, die ihre Urlaubsgeschichten oder die Babyfotos für Oma und Opa ins Internet stellen wollen! Weit gefehlt: Die Themenvielfalt der heutigen „Blogosphäre" ist schier endlos. Viele Freiberufler sind mittlerweile dazu übergegangen, ein Blog (der Begriff kommt von „Weblog" = Web und Log [Logbuch]) neben oder anstelle einer Webseite zu führen. Die Vorteile liegen auf der Hand:

- Die Bedienung ist einfach. Mithilfe einer Blog-Software, wie zum Beispiel Wordpress, kann jeder ungeübte Nutzer ohne große HTML-Kenntnisse schnell seine Webseite generieren. Eine einfache Benutzeroberfläche mit Symbolen, die Sie bereits aus der Textverarbeitung kennen, erlaubt es Sie Ihnen, schnell und intuitiv Inhalte ins Internet zu stellen.

Praxistipp

Genau wie bei einer statischen Webseite können Sie das eigentliche Blog um weitere Seiten ergänzen, auf denen Sie sich, Ihre Leistungen, Veranstaltungen, Referenzen, Kooperationen oder Ähnliches vorstellen. Im Blog selbst berichten Sie über aktuelle Themen und neue Trends aus Ihrer Branche oder über gut gelungene Projekte, zudem können Sie auf Veranstaltungen hinweisen – oder was Ihnen noch so alles einfällt. Mit einem Blog sind Sie auf jeden Fall immer aktuell.

- Weblogs sind kostengünstig. Während ein Laie für die Gestaltung einer professionellen statischen Internetseite oftmals richtig viel Geld hinblättern muss, sind viele Weblog-Systeme kostenlos im Internet erhältlich. Zusätzlich finden Sie eine große Anzahl attraktiver Layouts („Templates", „Themes"), die Sie mit einigen Handgriffen Ihren eigenen Bedürfnissen, zum Beispiel durch das Einfügen eines individuellen „Headers" (Kopfbereich, zum Beispiel Logo, Schriftzug oder Bildmotiv) anpassen können.

- Weblogs sind variabel. Eine Internetseite ausschließlich mit Fließtext kann schon mal langweilig anmuten, in Ihr Blog können Sie mit ein wenig Übung schnell Farbe bringen und Ihre Leser mit interessanten Inhalten wie etwa Fotos, Videos oder Podcasts begeistern. Auch Leserumfragen oder Quiz sind durch die Installation eines entsprechenden Plug-ins (Zusatzmodul) möglich.

Erfahrungen aus der Praxis

Dr. Stephanie Kaufmann-Jirsa, Rechtsanwältin: „Vor einigen Jahren habe ich mich entschlossen, meine Webseite zu überarbeiten. Zunächst war ich etwas ratlos, wie ich das Ganze angehen sollte, doch dann hat mir eine Kollegin zu einem Blog geraten. Als wir nach nur einigen Stunden einen neuen Internetauftritt für mich zusammengestellt hatten, war ich begeistert. Das Redaktionssystem ist einfach zu bedienen: Texte schreiben, Bilder und Videos hochladen – alles kein Problem. Besonders spannend finde ich die Auswertung, durch welche Suchbegriffe die Leser auf meine Seite kommen."

- Google liebt Blogs. Wie gut eine Webseite bei den Suchmaschinen gerankt wird, basiert auf sehr vielen Einflüssen – die Aktualität ist dabei ein maßgeblicher Faktor. Wenn Sie Ihre Seite immer wieder mit neuen Beiträgen und Inhalten anreichern, ist dies aus Suchmaschinensicht von Vorteil. Darüber hinaus verlinken sich Blogger mit themenverwandten Seiten auch oftmals gegenseitig, zum Beispiel in der sogenannten Blogroll (Linkverzeichnis) oder aber in den Beiträgen (hier spricht man von „Pingbacks"). Auch eine häufige Verlinkung bewirkt, dass die Texte oft ganz oben bei den Suchergebnissen erscheinen.

Praxistipp

Die wohl am häufigsten genutzte Blogsoftware finden Sie unter: http://wordpress-deutschland.org.

Experten kommen zu Wort

Frank Eschmann, Webexperte und -texter: „Um die Sichtbarkeit eines Blogs zu steigern, wählt man für jeden Beitrag einen aussagekräftigen und individuellen Titel. Dieser erscheint im sog. Title-Tag der Seite und sollte einen Suchbegriff (sog. Keyword) enthalten, unter dem man in Suchmaschinen gefunden werden möchte, zum Beispiel ‚Abgeltungsteuer'. Im Wesentlichen kommt es aber darauf an, leserfreundliche, authentische, einzigartige und interessante Texte zu verfassen. Um die Beiträge sowohl für Suchmaschinen als auch für menschliche Besucher lesefreundlich zu gestalten, sollten im Blogsystem suchmaschinenfreundliche Permalinks eingestellt werden. Denn ganz klar: Ein Beitrag mit der URL http://www.meineseite.de/abgeltungsteuer-aktuell.html ist für jeden Menschen und jede Maschine aussagekräftiger als ein http://www.meineseite.de/?page_id=36."

Wenn Sie die Vorteile jetzt überzeugt haben, dann sollten Sie jedoch eines nicht außer Acht lassen: Das Führen eines Blogs kostet Zeit: Themen suchen, Texte verfassen, verschönern und verlinken oder Tags/Keywords (Schlüsselworte) festlegen. Darüber hinaus nimmt auch ein gezieltes Blogmarketing etwas Zeit in Anspruch: Mit der Eintragung in Artikelverzeichnisse, Social Bookmarks (wie zum Beispiel „Mister Wong“) oder über Social-Media-Kanäle wie etwa Facebook und Twitter lässt sich leicht mehr Traffic auf Ihrer Seite erzeugen. Überlegen Sie daher, ob Sie regelmäßig etwas zu sagen haben und ob sich dieser Zeitaufwand für Sie lohnt. Wollen Sie lediglich eine Visitenkarte im Web, die Ihre Kontaktdaten und Leistungsschwerpunkte enthält, dann sind Sie mit einer einfachen Webseite wahrscheinlich besser beraten.

Achtung

Ein Blog ist nur dann interessant, wenn Sie regelmäßig Beiträge schreiben. Bedenken Sie: Eine Seite mit dem letzten Eintrag von vor fünf Monaten wirkt unprofessionell.

Twittern: Und was ist das jetzt gleich wieder?

Seit seiner Einführung im Jahr 2006 erhitzt das Echtzeitmedium Twitter die Gemüter. Die Meinungen gehen weit auseinander – von „großartig“ bis hin zu „vollkommen überflüssig“ ist alles dabei. Viele Prominente, mittlerweile auch zahlreiche Politiker, nutzen den Micro-Bloggingdienst, um ihre Informationen hinaus in die Welt zu zwitschern.

Und wie funktioniert Twitter nun? Zunächst legen Sie sich auf der Internetseite des Dienstes twitter.com ein Profil an. Dazu haben Sie die Möglichkeit, ein Foto oder aber das

Logo Ihres Geschäfts hochzuladen und den Hintergrund passend zu Ihrer Webseite zu gestalten. Nun geht es an das Verfassen von Beiträgen, die ähnlich wie bei einer SMS auf dem Handy nur aus einer begrenzten Anzahl Zeichen bestehen dürfen, nämlich 140.

Twitter ist ein unglaublich schnelles Medium. Nachrichten verbreiten sich in Windeseile. Ein weiterer Vorteil: Es kann Traffic auf Ihre Webseite bringen. Viele Anwender nutzen Twitter nämlich, indem sie auf ihre Webseite verlinken. Haben Sie beispielsweise in Ihrem Blog einen neuen Beitrag über „Yoga für Mutter und Kind" verfasst, so zwitschern Sie vergnügt via Twitter: „Yoga – mehr Energie für Mama – super Entspannung für Babys". Es folgt der Link auf Ihren Beitrag im Blog.

Praxistipp

Oftmals haben Blogbeiträge sehr lange URLs. Wenn Sie diese eins zu eins twittern würden, wären die 140 Zeichen schnell überschritten. Deshalb greifen versierte Nutzer auf eine *TinyURL* zurück: Einfach zum Beispiel bei http://tinyurl.com die lange URL in eine kurze umwandeln, diese kopieren und am Ende Ihres Tweets einfügen.

Blogs, Twitter & Co. – entscheiden Sie selbst, ob Sie das weiterbringt. Ausprobieren geht über Studieren. Bedenken Sie dabei auch: Alles was mit Internet, Social Media, Web 2.0 und Mobilität zu tun hat, ist derzeit einem stetigem Wandel unterlegen. Was heute ein Trend ist, kann morgen unter Umständen schon veraltet sein. Es schadet jedoch nicht, einen Finger am Puls der Zeit zu haben, bevor man vielleicht gar nicht mehr mitreden kann.

Kunden finden mit XING & Co.

Als Lars Hinrichs im Jahr 2004 die Internetplattform XING (damals noch „openBC") gründete, hatte er eine Vision: „Im Mittelpunkt stehen vor allem die Verkürzung der Zeitspanne auf der Suche nach neuen Geschäftspartnern, die Anbahnung neuer Geschäftskontakte, das Erschließen zusätzlicher Absatzmärkte, das Finden von Kooperationsmöglichkeiten sowie Aufbau und Pflege von bestehenden Geschäftsbeziehungen." Mittlerweile hat sich die Plattform www.xing.com zu einem äußerst zugkräftigen Business-Netzwerk entwickelt, an dem niemand mehr so recht vorbeikommt, will er geschäftlich erfolgreich sein. Aber auch andere Social-Media-Plattformen wie Facebook oder Myspace haben schon lange nachgezogen.

XING: Wie bringt mich das weiter?

Bei vielen Freelancern, die in den eigenen vier Wänden arbeiten, kommt der soziale Kontakt unter Umständen manchmal zu kurz. Wie großartig ist da die Möglichkeit, in einen anderen, virtuellen Raum auszuweichen. Und diese Chance bietet XING. Hier kann man sich mit anderen Nutzern vernetzen, vor allem aber auch Kontakte zu Geschäftspartnern aufbauen, die man auf anderem Wege wahrscheinlich nie oder nur auf sehr umständliche Art und Weise kennengelernt hätte.

Alles, was Sie zunächst tun müssen, ist ein Profil von sich anzulegen: XING stellt Ihnen dazu die Formularfelder: „Ich suche" und „Ich biete" sowie eine Eingabemaske für Ihre Karrierestationen und Ihr Foto zu Verfügung.

Achtung

Vor allem mit der Rubrik „Portfolio" (Ich suche; ich biete) sollten Sie sich eingehender beschäftigen, da Sie darüber von potenziellen Auftraggebern gut gefunden werden können. Beschränken Sie sich hier auf gut durchdachte Schlüsselwörter und verzichten Sie auf vollständige Sätze.

Sie haben die Wahl zwischen einer kostenpflichtigen Premium- und einer kostenfreien Basismitgliedschaft. Bei Letzterer sind jedoch die Funktionen stark eingeschränkt. Die Premiummitgliedschaft kostet ab 3,95 Euro pro Monat ab einem Jahr Laufzeit (Stand: Juli 2014).

Kontakte gezielt suchen!

Eine Möglichkeit, neue Auftraggeber über XING zu finden, ist die gezielte Suche, die allerdings nur Premiummitgliedern zur Verfügung steht. Neben Namen, Berufen und Städten können Sie unter anderem auch nach Unternehmen und Branchen suchen. Die sogenannte Premiumsuche eröffnet Ihnen dank spezieller Filter noch weitere Suchmöglichkeiten.

Aber auch die Funktion „Kontakte von Kontakten" bietet gute Chancen, Ihr Netzwerk zu vergrößern: Oftmals verfügen Ihre Branchenkontakte über weitere Kontakte, die auch für Sie interessant sein könnten. Doch beachten Sie bitte bestimmte Verhaltensregeln: Ein Kollege, mit dem Sie vernetzt sind, könnte es als unverschämt empfinden, wenn Sie seine Kontakte der Reihe nach anschreiben (und als Auftraggeber abwerben).

Praxistipp

Sollte es Ihnen unangenehm sein, ein interessantes Mitglied direkt um Kontakt zu bitten, so können Sie Ihr Interesse auch erst einmal dadurch bekunden, dass Sie sein Profil besuchen. Als Premiummitglied kann er sehen, wer auf seiner Seite war, und wenn ein entsprechender Bedarf besteht, die Kontaktanbahnung übernehmen.

Gruppenarbeit, Unternehmensprofile und Projektangebote

Neben der gezielten Suche lassen sich neue Kunden auch über „Gruppenarbeit" akquirieren. Mittlerweile gibt es bei XING unzählige Gruppen in verschiedenen Kategorien (zum Beispiel „Jobs & Karriere" oder „Internet & Technologie"). Sie können sich in bereits bestehenden Gruppen aktiv einbringen, indem Sie beispielsweise Fragen von anderen Gruppenmitgliedern beantworten oder von Ihnen geplante Veranstaltungen ankündigen.

Achtung

Achten Sie hier auf das richtige Maß: Durch die Beantwortung der Fragen Hilfe suchender Mitglieder können Sie sich durchaus einen Namen als Experte machen und dadurch Kunden gewinnen. Sind Sie jedoch permanent in der Gruppe aktiv, könnte leicht der Eindruck entstehen, Sie hätten nichts anderes zu tun.

Doch auch ein Mitlesen kann Sie schon weiterbringen. Es eröffnet Ihnen oftmals interessante Einblicke in die Nöte und Probleme Ihrer Zielgruppe, die Sie zur Schärfung Ihres Leistungsportfolios nutzen können. Aber auch regionale Netzwerktreffen, die von vielen Gruppen organisiert werden, sind eine gute Möglichkeit, potenzielle Auftraggeber vor Ort kennenzulernen.

Praxistipp

Moderatoren und ihre Co-Moderatoren werden oft besser wahrgenommen als normale Gruppenmitglieder. Häufig verbindet man damit auch eine Art Expertenstatus, was Ihnen weitere Aufträge einbringen kann. Auf der anderen Seite ist die Moderation auch mit Aufwand verbunden, wenn Sie es richtig betreiben wollen. Prüfen Sie genau, ob sich das für Sie lohnen kann.

Seit einiger Zeit – man könnte fast sagen, seit der enormen Verbreitung von Facebook – hat XING sein Leistungsspektrum um eine Vielzahl von Funktionalitäten erweitert. Unternehmensprofile, Events, Job- und Projektbörsen bieten zahlreiche Chancen, um mit Ihrer Zielgruppe in Kontakt zu kommen. Stöbern Sie doch einfach mal.

Facebook, Google + & Co.: Freunde?

Während XING sich als Business-Netzwerk einen guten Namen gemacht hat, ist Facebook erst einmal im privaten Bereich durchgestartet. Mittlerweile jedoch wird kaum ein Unternehmen, das mit seiner Zielgruppe ins Gespräch kommen will, an Facebook vorbeikommen.

Auch bei Facebook legen Sie Ihr persönliches Profil an und können auf diese Weise mit anderen Menschen in Kontakt treten – Sie werden „Freunde". Ähnlich wie in Ihrem persönlichen Blog können Sie Beiträge an Ihre „Chronik" schreiben, aber auch Fotos und Videos hochladen. Gerade für Künstler – für Musiker, Schauspieler oder auch Grafiker – eine interessante Möglichkeit, um auf die eigene Arbeit aufmerksam zu machen.

Praxistipp

Neben oder alternativ zu Ihrem persönlichen Profil können Sie bei Facebook eine sogenannte Facebook-Seite erstellen. Auch hier können Sie (kurze) Beiträge verfassen oder Fotos und Videos hochladen. Der große Unterschied zum Profil: Die Mitglieder können „Fan" von dieser Seite werden. Ähnlich wie bei Twitter können Sie diese Anwendungen gut nutzen, um Traffic auf Ihre Homepage zu bekommen, indem Sie die Links Ihrer Seite „teilen".

Einen großen Vorteil hat Facebook: Sie können sehr gezielt Werbung schalten, um Ihre „Community" oder den Kreis Ihrer „Fans" zu vergrößern. Dazu bietet Facebook einen „Werbeanzeigen-Manager" an, mit dem Sie die Personen, die Sie mit Ihrer Werbung bzw. Facebook-Seite erreichen wollen, genau eingrenzen können. So ist es kein Zufall, dass jüngeren Menschen verstärkt Spiele-Apps angeboten werden. Bei jüngeren Frauen hingegen erscheint gerne Werbung für Sommerkleider und Schuhe. Mit dem Werbeanzeigen-Manager können Sie bestimmte Kriterien auswählen, zum Beispiel Alter, Geschlecht, Interessen, oder Sie hängen sich an die Konkurrenz im Sinne von „Kunden, denen die Seite xyz gefällt". Sie entscheiden, wen Sie wann ansprechen wollen, und dafür zahlen Sie. Gleichzeitig können Sie genau tracken, also analysieren, welche Beiträge gut laufen und wie Ihre Fans auf Sie gestoßen sind.

Auch Google zielt mit seiner Social-Media-Plattform Google+ in die gleiche Richtung. Als Vorteile werden hier unter anderem genannt: besseres Suchmaschinen-Ranking und eine gezieltere Ansprache bestimmter Kundengruppen.

Ob Facebook, Twitter, XING oder Google+: Probieren Sie aus, was Ihnen am besten taugt und welches Tool Sie am effektivsten einsetzen können, um Ihre Zielgruppe am besten zu erreichen. Analysieren Sie Ihre Erfolge regelmäßig anhand konkreter Zielvorgaben.

Mit gezielter Pressearbeit punkten

Professionelle Pressearbeit weder um ihrer selbst willen betrieben noch um die Eitelkeit von Unternehmern zu stillen. Sie verfolgt handfeste Ziele:

- Erhöhung des Bekanntheitsgrades
- Positionierung als Experte in einem Themengebiet
- Herstellung von Aufmerksamkeit

Achtung

Wer regelmäßig in Print, TV oder online in Erscheinung tritt, kann seinen Marktwert steigern. Bedingung: Es müssen interessante Inhalte kommuniziert werden, die die gewünschte Wirkung erzielen.

Die Vorteile gegenüber anderen Marketingformen liegen auf der Hand. Pressearbeit ist im Vergleich zu klassischer Werbung deutlich kostengünstiger. Zudem überzeugen redaktionelle Beiträge durch ein hohes Maß an Glaubwürdigkeit. Während Werbung der Ruf anhaftet, übertrieben Vorzüge zu preisen, vertrauen Medienrezipienten wie Zeitungsleser oder TV-Konsumenten auf das, was für sie redaktionell aufbereitet wird.

Die gute Nachricht

Gute Nachrichten sind vor allem drei Dinge: neu, wichtig und interessant. Das Problem: Was Sie, die Redakteure und letztendlich die Mediennutzer für neu, wichtig und interessant halten, kann ziemlich weit auseinanderklaffen. Nehmen wir beispielsweise einen Rechtsanwalt, der gerade ein Buch zum Thema „Unterhalt" geschrieben hat. Für ihn wird das Erscheinen des Buches bereits eine wichtige Nachricht sein. Und so liest man dann häufig Pressemitteilungen mit der Überschrift „Neues Buch zum Unterhaltsrecht erschienen". Der Redakteur sieht darin lediglich schnöde Werbung und der Leser, Zuschauer oder Zuhörer – so der Inhalt überhaupt gedruckt oder ausgestrahlt wird – fühlt sich persönlich nicht angesprochen. Wie viel effektiver könnte die Meldung sein, wenn der Titel lautet: „Mehr Unterhalt für Scheidungskinder. Ab Januar gilt die neue Düsseldorfer Tabelle“?

Professionelle Pressearbeit ist kein Hexenwerk. Die folgenden Tipps sollen dafür sorgen, dass Sie sich und Ihre Dienstleistung schnell in den Medien wiederfinden.

- Beobachten Sie sich als Leser, Zuhörer, Zuschauer – und nutzen Sie Ihre Erkenntnisse für Ihre PR.
- Das Thema macht den Erfolg: Investieren Sie Zeit in den Aufhänger eines Pressetextes.
- Stichwort Aktualität: Nutzen Sie die Nachrichtenlage, um PR-Inhalte zu kommunizieren.
- Vermitteln Sie Nutzen statt Werbung: Der Inhalt muss für Redakteur und Leser interessant sein.
- Eine Pressemeldung ist kein Krimi. Wenn der Redakteur nicht sofort den Mehrwert sieht, wird der Pressetext aussortiert. Das Wichtigste muss in die ersten Zeilen.
- Versenden die Pressemitteilung nicht als Anhang, sondern kopieren Sie den Text direkt in die Mail. Redakteuren fehlt oftmals die Zeit, Mailanhänge zu öffnen. Zudem könnten Spamfilter Ihre Mail aussondern.

!

Experten kommen zu Wort

Kai Oppel, PR-Berater: „Achten Sie beim Verfassen von Pressetexten unbedingt auf die Wortwahl. Besonders positive Beschreibungen gehören nicht in PR-Meldungen, sondern in die Werbung. Auch positive Wertungen sind tabu. Sie machen jeden Redakteur skeptisch und senken Ihre Abdruckchancen. Schreiben

Sie also nicht: ‚Unsere neue Software zählt durch ihre herausragenden Eigenschaften zu den Besten ihrer Klasse.' Das ist austauschbar, nichtssagend und werblich. Besser: ‚Die Software verfügt über eine neue Controllingfunktion. Die Anwender haben damit sofort einen Überblick über Umsätze, Forderungen und Kundendaten. Das Ergebnis sind Zeit- und Kosteneinsparungen.'"

Die Verbreitung: Gewusst wie!

Wer weiß, WAS er WIE mitteilen möchte, muss sich nun für einen Distributionsweg entscheiden. Der Journalistenkontakt kann per Telefon oder in einem persönlichen Treffen stattfinden. Ein Autorenbeitrag kann ebenso per Telefon oder per Mail angefragt werden. Für die Pressemeldung, das am häufigsten genutzte PR-Instrument, gibt es verschiedene Möglichkeiten.

- **E-Mail:** Am häufigsten werden Pressemeldungen per Mail versandt. Dafür benötigen Sie natürlich Kontaktadressen, die Sie in einem Verteiler zusammenfassen. Egal welche Redaktionen angesprochen werden sollen: Die Adressen lassen sich entweder per Suche über Google zusammenstellen oder mithilfe spezieller Verteiler. Anbieter wie Zimpel oder Stamm bieten in gedruckter oder digitaler Form Adressdaten von Journalisten.

- **Nachrichtenportale:** Durch die Einstellung Ihrer Meldung auf einem oder mehreren (kostenlosen) Online-Presseportalen werden die Pressetexte direkt vom Zielpublikum rezipiert – von Fachjournalisten und Redakteuren. Darüber hinaus bleiben Ihre Texte in diesen Portalen längere Zeit verfügbar und so durch Suchmaschinen auffindbar. Wenn Sie regelmäßig hochwertige Pressemeldungen zu einem Spezialgebiet einstellen, können diese schnell über Suchmaschinen erreicht werden. Journalisten, Redakteure und natürlich auch potenzielle Kunden können Sie auf diesem Weg einfach und dauerhaft finden – und sich über die Qualität Ihrer Pressemeldungen ein Bild von der Qualität Ihrer Arbeit und von Ihrem Fachwissen machen. Die Veröffentlichung Ihrer Webseite auf einem solchen Portal verbessert außerdem Ihre Auffindbarkeit im Internet.

Übersicht: Kostenlose Presseportale (Auswahl)

- *open PR (www.openpr.de)*
- *Firmenpresse (www.firmenpresse.de)*
- *PR-Center (www.prcenter.de)*
- *Presseanzeiger (www.presseanzeiger.de)*
- *News aktuell (www.presseportal.de)*
- *PR-Gateway (www.pr-gateway.de) – ein Meta-PR-Portal*

- **Kostenpflichtige Satellitenversandsysteme wie ots oder dpp:** Bei dem Original Text Service (ots) handelt es sich um einen Dienst der Deutschen Presse-Agentur (dpa). Sie können den Satellitenversand von dpa nutzen, um Pressetexte zu distribuieren. Auf diese Weise laufen Ihre Pressetexte direkt in die Redaktionssysteme von Tageszeitungen und Nachrichtenredaktionen ein.

Was sonst noch Kunden bringt

Auftragsportale: Können die was?

Auftragsportale gibt es im Internet derzeit wie Sand am Meer. Ob branchenbezogen, regional oder allgemeine Portale (zum Beispiel freelance.de) – Sie registrieren sich (teilweise kostenpflichtig), hinterlegen ein aussagekräftiges Profil und werden, wenn es gut läuft, von neuen Kunden gefunden. Alternativ können Sie auch Angebote für Projekte abgeben, die auf dem Portal angefragt wurden.

Welche Einträge sich wirklich lohnen und auf welche Sie verzichten können, lässt sich mit ein wenig Geduld herausfinden. Vielleicht können Sie auch Ihnen bekannte Kollegen nach ihren Erfahrungen fragen. Prüfen Sie außerdem: Sieht die Seite seriös und klar strukturiert aus? Ist klar, welche Leistungen Sie für Ihre Gebühr erhalten? Wie sieht es mit eventuellen Vertragslaufzeiten aus?

Beispiele für Auftrags- und Branchenportale

- *www.freelance.de*
- *www.freelance-market.de*
- *www.gulp.de*
- *www.freiberufler-portal.de*
- *www.textbroker.de*

Eine weitere Möglichkeit, um zu prüfen, wie gut man über diese Portale gefunden wird: Überlegen Sie, wonach ein Kunde im Internet nach einer Dienstleistung wie der Ihren suchen würde, und geben Sie diese(n) Begriff(e) in eine

Suchmaschine ein. Welche Portale stehen auf der Trefferliste relativ weit oben?

Vorträge und Seminare

Natürlich kommt es immer auf Ihr Angebot und Ihre Zielgruppe an – aber auch Vorträge, Seminare oder Workshops sind eine gute Möglichkeit, um neue Kunden und Klienten zu akquirieren. Sie können sich dadurch auf jeden Fall als Spezialist auf Ihrem Gebiet präsentieren. Mit geschickter Pressearbeit im Vorfeld sprechen Sie die Leute an, die an Ihrem Thema interessiert sind.

Auf der Messe

Auch auf Messen, Konferenzen oder anderen (branchenbezogenen) Veranstaltungen lassen sich gute Kontakte knüpfen. Hierfür sind häufig bestimmte Zeiträume, sogenannte Get-togethers, vorgesehen, um das Netzwerken zu vereinfachen. Falls nicht, bedenken Sie Folgendes: Die Vertreter eines für Sie interessanten Unternehmens sind oft nur ein oder zwei Tage auf der Messe und haben einen entsprechend durchstrukturierten Tagesplan. Erkundigen Sie sich daher rechtzeitig, welcher Ansprechpartner wann auf der Messe sein wird. Haben Sie bereits konkrete Vorstellungen von einem Projekt oder einer möglichen Zusammenarbeit, ist es auf jeden Fall ratsam, vorab telefonisch oder per E-Mail einen Termin auf der Messe zu verabreden.

Praxistipp

Auf Veranstaltungen wie diesen sollten Sie grundsätzlich immer eine größere Anzahl Visitenkarten bereithalten, um den Erstkontakt zu festigen. Auf den Karten, die Sie erhalten, notieren Sie auf der Rückseite am besten jeweils die Kernfakten, um das Gespräch zu Hause reflektieren zu können. Neuen Kontakten, die Ihnen wichtig sind, sollten Sie per Mail für das interessante Gespräch danken und es vielleicht noch einmal kurz zusammenfassen. Erklären Sie auf jeden Fall, dass Sie an einer Zusammenarbeit sehr interessiert wären.

Auf den Punkt gebracht

- Nur wenn Sie Ihre potenziellen Kunden und deren Wünsche und Bedürfnisse kennen, können Sie entscheiden, welche Art der Akquise am sinnvollsten ist.
- Im Geschäftsleben zählen Kontakte. Ob regional oder branchenbezogen – Netzwerken wird heute großgeschrieben. Oftmals ergeben sich dadurch neue Auftragsbeziehungen oder gemeinsame Projekte. Die Kontakte aus einer früheren Anstellung oder einem Praktikum sind eine gute Basis für Ihr Netzwerk.
- Während Arbeitnehmer ein Recht auf ein Zeugnis haben, stehen Freelancer oft mit leeren Händen da. Bemühen Sie deshalb sich um gute Kundenreferenzen.

- Im Web 2.0 ist es so einfach wie nie zuvor, sich ein effektives Netzwerk aufzubauen. Mit Social Media Tools wie XING, Facebook & Co. gelingt es Ihnen, schnell neue, interessante Kontakte in der Region und in Ihrer Branche zu knüpfen und damit auch Kunden zu akquirieren.
- Pressearbeit ist im Vergleich zu klassischer Werbung deutlich kostengünstiger. Zudem überzeugt sie durch ein hohes Maß an Glaubwürdigkeit. Bei Beachtung einiger Regeln und durch die einfache Verbreitung über Onlineportale ist sie eine gute Möglichkeit, Aufmerksamkeit und damit Kunden zu erreichen.
- Auch über Auftragsportale, Vorträge und Seminare sowie auf Messen und Konferenzen lassen sich Kunden akquirieren.

Honorare: Wie kann ich von meiner Arbeit leben?

Während es für einige freie Berufe (zum Beispiel Rechtsanwälte oder Ärzte) Honorarbestimmungen gibt, stellt sich für andere Freelancer zu Beginn die Frage: Wie viel Geld kann ich für meine Arbeit verlangen? Die meisten tendieren wohl dazu, die Stundensätze erst einmal etwas niedriger anzusetzen. Schließlich kann man ja nicht gleich so viel verlangen wie die „alten Hasen" in der Branche. Und man muss erst einmal ein paar Kunden ködern – mit niedrigen Preisen geht das sicher. Doch dies kann fatale Auswirkungen haben:

- Sie verderben die Preise und verärgern so die Branche.
- Spätere Preiserhöhungen sind schwer zu rechtfertigen.
- Sie arbeiten und arbeiten und können sich trotzdem nichts leisten. Selbstausbeutung pur!
- Was nichts kostet, ist nichts wert! Mit kleinen Preisen stellen Sie Ihre eigene Professionalität infrage.

Achtung

Sollten Sie Skrupel haben, einen höheren Stundensatz anzusetzen, bedenken Sie: Sie müssen auf Ihre Einnahmen Steuern zahlen, außerdem Krankenkasse, Altersvorsorge, Weiterbildung, Arbeitsmittel, Werbung etc. Wie viel bleibt da übrig? Auch Urlaub, Krankheit, Unfallfolgen oder Auftragsflauten müssen einkalkuliert werden.

Erfahrungen aus der Praxis

Stefanie Grewel, Fotografin: „Ich bin seit ca. 14 Jahren freie Fotografin. Gerade die Honorargestaltung hat mir am Anfang Sorgen bereitet. Zum einen fehlte mir ein berufliches Netzwerk, um sich über das Thema auszutauschen. Zum anderen waren die bestehenden Honorarempfehlungen nur für bereits etablierte Fotografen sinnvoll, bei denen sich das Honorar erheblich von denen eines ‚Anfängers' unterscheidet. Zunächst habe ich mich daher mit meinen Studienkollegen, später dann mit Fotografen, denen ich assistierte, ausgetauscht. Das Gefühl für das richtige Honorar kommt dann mit der Zeit. Und mittlerweile weiß ich auch, was meine Arbeit wert ist. Ich kann mir daher auch die Freiheit nehmen, bei der Honorargestaltung auf die Art des Kunden einzugehen, d. h. bei Großkunden einen anderen Maßstab anzulegen als etwa bei Freiberuflern."

Diesen Stundensatz möchte ich erzielen

Die Frage „Wie viel muss rumkommen?" ist schon mal ein erster guter Ansatz, um sich dem erwünschten Stundensatz anzunähern.

- Welche privaten Fixkosten müssen Sie jeden Monat zahlen (zum Beispiel Miete, Versicherungen)?
- Was brauchen Sie für den täglichen Bedarf?
- Wie hoch sind die Beiträge zur Krankenversicherung?
- Wie viel wollen Sie fürs Alter zurücklegen?
- Sie planen vielleicht auch einen Urlaub oder ein paar Anschaffungen. Wie viel Geld benötigen Sie hierfür?

Rechnen Sie alle Positionen zusammen und ermitteln Sie Ihr gewünschtes Nettoeinkommen (pro Jahr). Berücksichtigen Sie bei der Ermittlung Ihres gewünschten Einkommens, dass noch Einkommensteuer und Solidaritätszuschlag anfallen. Einen Steuerrechner finden Sie im Internet unter www.abgabenrechner.de.

Außerdem müssen Sie Ihre Betriebsausgaben mit ins Kalkül ziehen. Ermitteln Sie auch hier Ihre Kosten pro Jahr.

Betriebsausgaben	**Betrag**
Büromiete + Nebenkosten (Strom etc.)	Euro
Kommunikation (Telefon, Internet etc.)	Euro
Weiterbildung	Euro
Büromaterial	Euro
Fachbücher und Zeitschriften	Euro
Beratungskosten (Steuerberater etc.)	Euro
Akquise (Werbung, Webhosting etc.)	Euro
Reisekosten	Euro
Kfz	Euro
Abschreibungen	Euro
...	Euro
...	Euro
...	Euro
Summe:	Euro

Das folgende Schema soll Ihnen bei der Berechnung Ihres Stundensatzes Unterstützung bieten.

So kalkulieren Sie Ihren Stundensatz	
Gewünschtes Einkommen pro Jahr	Euro
Einkommensteuer und Solizuschlag:	+ Euro
Diesen Gewinn will ich erwirtschaften	Euro
Betriebsausgaben (pro Jahr)	Euro
Jahresumsatz *(Gewinn + Betriebsausgaben)*	Euro
Arbeitstage im Jahr (ohne Wochenenden und Feiertage) – regional unterschiedlich	
Geplante Urlaubstage	–
Eventuelle Krankheitstage (durchschnittlich)	–
Tage für Weiterbildung u. Ä.	–
Tage, an denen Sie arbeiten (gesamt)	=
Auslastung in Prozent	%
Arbeitstage, die Sie berechnen können (Arbeitstage × Auslastung in %)	
Tagessatz *(= Jahresumsatz : Arbeitstage)*	Euro
Arbeitsstunden pro Tag (abzüglich Zeit für Akquise, Buchhaltung usw.)	
Stundensatz *(= Tagessatz : Arbeitsstunden)*	Euro

Was gibt der Markt her?

Sie haben jetzt einen Stundensatz ermittelt, bei dem sich Ihre Arbeit lohnt. Doch sind Ihre Kunden auch bereit, diesen Preis zu zahlen? Gerade in wirtschaftlich kritischen Zeiten schauen sowohl Privatkunden als auch Unternehmen genau aufs Geld. Die Folge: Kosten werden gesenkt, weniger Aufträge werden vergeben, die Preise werden gedrückt. Sie als Auftragnehmer sollten sich genau überlegen: Wie weit komme ich dem Kunden entgegen, sodass ich davon und damit leben kann? Sie müssen für sich eine absolute Preisuntergrenze festlegen! Das kann Sie zwar den einen oder anderen Kunden kosten – auf lange Sicht werden Sie damit jedoch glücklicher sein. Bedenken Sie: Sind Sie ununterbrochen damit beschäftigt, schlecht bezahlte Aufträge abzuarbeiten, fehlt Ihnen die Zeit, nach lukrativen Jobs Aussicht zu halten.

Praxistipp

Viele Berufsverbände veröffentlichen sogenannte Honorarrichtlinien, die Empfehlungen für die Preisgestaltung enthalten. Auch das Gespräch mit befreundeten Berufskollegen kann sinnvoll sein.

Hinterfragen Sie außerdem: Habe ich die richtige Kundengruppe? Wo kann ich Kosten einsparen, um mich dem Marktpreis zu nähern? Welchen Zusatzservice oder welche Garantie könnte ich anbieten, um den Preis besser rechtfertigen zu können? Was macht die Konkurrenz?

Auf den Punkt gebracht

Zu Beginn verkaufen sich viele Freiberufler unter Wert. Das kann fatale Folgen haben. Für die Berechnung des richtigen Stundensatzes müssen Sie das gewünschte Einkommen zuzüglich Steuer, Ihre Betriebsausgaben sowie die tatsächliche Arbeitszeit ins Verhältnis setzen.

Da liegt ein Brief vom Finanzamt

Das „böse Finanzamt" wird in den Medien immer wieder aufgegriffen. Kein Wunder, dass viele Existenzgründer beim ersten Kontakt mit dem Finanzamt ein leichtes Unwohlsein überkommt. Die Behörde will in der Regel Geld sehen, und das ist im Anfangsjahr eher rar.

Fakt ist: Das deutsche Steuerrecht gilt aufgrund seiner unzähligen Sonder- und Spezialregelungen als eines der kompliziertesten und umfangreichsten überhaupt. Umso wichtiger ist es für Sie, die grundsätzlichen Anforderungen in puncto „Umgang mit dem Finanzamt" zu kennen, damit Sie kein unnötiges Lehrgeld zahlen. Dies beginnt bereits bei der richtigen Rechnungstellung und bei der gewissenhaften Prüfung der eingehenden Rechnungen. Ein weiterer Punkt, der auf Sie zukommen wird, sofern Sie auf die Kleinunternehmerregelung (siehe Seite 19) verzichtet haben, ist die monatliche Umsatzsteuer-Voranmeldung. Und überhaupt, wie geht das mit der Buchführung? Sollte man das selbst machen oder doch lieber einen Steuerberater beauftragen? Welche Ausgaben können Sie steuerlich geltend machen und wo sagt das Finanzamt Nein? Was müssen Sie bei Steuererklärung beachten und was ist eine EÜR? Und schließlich: Wie lange müssen Sie die Unterlagen aufheben? Auf alle diese Fragen finden Sie auf den kommenden Seiten die richtige Antwort.

Wichtige Aufgabe: Rechnungen stellen

Eine freiberufliche Tätigkeit wird in den meisten Fällen in erster Linie ausgeübt, um damit Geld zu verdienen. Um Ihr Honorar dann auch tatsächlich zu bekommen, müssen Sie Ihren Auftraggebern eine Rechnung schicken.

Achtung

Rechnungen schreiben gehört zum Job! Setzen Sie sich daher regelmäßig einen Termin, zu dem Sie sich dieser Aufgabe widmen. In puncto Regelmäßigkeit kommt es natürlich darauf an, ob Sie viele kleinere Rechnungsbeträge an eine Vielzahl von Kunden stellen oder ob Sie größere Projekte über einen längeren Zeitraum abrechnen. Nutzen Sie den Termin auch gleich, um den Zahlungseingang zu überprüfen.

Welche Formalien sind zu beachten?

Damit das Finanzamt ein Geschäftsdokument als Rechnung anerkennt, sind folgende Bestandteile erforderlich:

1. Ihr Name und Ihre Anschrift
2. Name und Anschrift des Rechnungsempfängers
3. Termin der Leistung
4. Rechnungsdatum
5. eine fortlaufende, einmalig vergebene Rechnungsnummer
6. Bezeichnung von Art und Umfang der Dienstleistung

7. Ihre Steuernummer (vergibt das Finanzamt) bzw. Umsatzsteuer-Identifikationsnummer (erhältlich beim Bundeszentralamt für Steuern)
8. Netto-Betrag (evtl. nach Steuersätzen aufgeschlüsselt)
9. die (jeweils) darauf entfallende Umsatzsteuer (sieben oder 19 Prozent)
10. Bruttobetrag

Kleinunternehmer, die umsatzsteuerbefreit sind (siehe Seite 19), dürfen in ihren Rechnungen natürlich keine Umsatzsteuer ausweisen. Sie sind hingegen verpflichtet, den Rechnungsempfänger darauf hinzuweisen.

Muster: Hinweis auf Kleinunternehmerreglung

Der Leistungserbringer ist Kleinunternehmer nach § 19 UStG und damit umsatzsteuerbefreit.

Die Bezeichnung „Rechnung" also solche ist entbehrlich. Das Gleiche gilt im Übrigen auch für die eigenhändige Unterschrift (Ausnahme: Rechtsanwälte und Steuerberater), da die Gefahr besteht, dass jemand den Vermerk „Betrag in bar erhalten" darüber setzen kann.

Praxistipp

Die persönliche Ansprache des Kunden und ein „Danke für den erteilten Auftrag" gibt der Rechnung noch eine persönliche Note. Wichtig: Vergessen Sie Ihre Kontodaten nicht!

Muster: Rechnung

Grafikbüro Sauber
Landshuter Allee 39
80637 München

Topi Kindermode GmbH
Landsberger Straße 360
81241 München

Steuernummer: 148/183/00124
Rechnungsdatum: 1. März 2010
Rechnungsnummer: LG 2010038

Rechnung

Wir erlauben uns, Ihnen für unsere Leistungen im Februar 2010 folgende Beträge in Rechnung zu stellen:

1. Entwicklung Wortbildmarke	*Pauschale 500,00 €*
2. Entwicklung CD Basiselemente	*Pauschale 500,00 €*
Gesamt:	*1.000,00 €*
Umsatzsteuer (19 %):	*190,00 €*
Rechnungssumme:	*1.190, 00 €*

Wir danken Ihnen für den Auftrag. Bitte überweisen Sie den Rechnungsbetrag bis zum 1. April 2010 auf unser Konto bei der Total-Bank, BLZ: 300 700 25, Kontonummer: 720 323 103.

Freundliche Grüße
Ihre Sabine Sauber

Vielleicht noch ein Hinweis in Sachen Rechnungsnummer: Gerade bei den ersten Rechnungen befürchten viele Anfänger, dass Sie mit „Rechnung Nr. 1" usw. ihren Kunden gegenüber preisgeben, dass sie gerade erst am Anfang ihrer Tätigkeit stehen. Eine „fortlaufende, einmalig vergebene Rechnungsnummer" bedeutet jedoch nicht, dass Sie auch mit der Nummer 1 beginnen müssen. Eine zahlenmäßige Abfolge der ausgestellten Rechnungsnummern ist nicht zwingend notwendig. Wichtig ist allein, dass die Rechnungsnummer einmalig vergeben wurde.

!

Praxistipp

Wenn Ihre Rechnungsnummer keinen Rückschluss auf die Anzahl der von Ihnen geschriebenen Rechnungen geben soll, dann verwenden Sie doch einfach das Datum, zum Beispiel so: 2014-0218-001. Es handelt sich somit um Ihre erste Rechnung am 18.02.2014. Dann führen Sie die Rechnungen mit 0218-002 fort.

Auch wenn Liefer- bzw. Leistungstermin und Rechnungsdatum übereinstimmen, kann man nicht auf die explizite Erwähnung des Lieferdatums verzichten. Da sind die Bundesfinanzbehörden eisern. Allerdings genügt die Angabe des Leistungsmonats. Sie haben zwei Möglichkeiten: Sie können zum einen beides zusammenfassen: „Leistungs-/Rechnungsdatum: 18.12.2014". Alternativ belassen Sie es oben beim Rechnungsdatum und formulieren im Text den Liefertermin zum Beispiel so: „… für das Erstellen von vier Online-Texten im Zeitraum 01.12.–31.12.2014 erlaube ich mir, folgenden Betrag in Rechnung zu stellen …".

Bei Rechnungen, deren Gesamtbetrag einschließlich Umsatzsteuer 150 Euro nicht übersteigt (sogenannte Kleinbetragsrechnungen), sind die Mindestangaben sind nicht so streng – auf Leistungsempfänger, Leistungszeitpunkt und Umsatzsteuerbetrag kann verzichtet werden.

Alles im Griff mit einem Auftragsbuch

Wenn Sie die Rechnungen mittels Word oder anderer Textprogramme erstellen, sollten Sie gleichzeitig eine Art Auftrags- oder Rechnungsbuch (Excel) führen, in das Sie alle für Sie wichtige Daten eintragen können. Auf diese Weise gewährleisten Sie, dass Sie keinen Auftrag übersehen, aber auch keine Rechnung vergessen. Gerade wenn viele Rechnungen zu stellen sind, besteht die Gefahr, dass man etwas übersieht. In diesem Fall bietet sich oftmals auch der Kauf einer Fakturasoftware an.

Praxistipp

Eine Alternative für diejenigen, die mobil sein wollen: Auch im Internet gibt es verschiedene (zum Teil kostenlose) Lösungen, die clevere Funktionen anbieten, etwa www.easybill.de oder www.billomat.com.

Die folgende Checkliste soll Ihnen nicht nur dazu dienen, Ihre eigenen Rechnungen zu prüfen, Sie können damit auch sämtliche eingehende Rechnungen kontrollieren, damit Sie nicht Gefahr laufen, dass Ihnen das Finanzamt den Vorsteuerabzug streitig macht.

Checkliste. Ist die Rechnung korrekt und vollständig?	
Sind Name, Firma und Anschrift des Rechnungstellers korrekt und vollständig?	✓
Ist die Adresse des Kunden korrekt und vollständig?	
Ist bei größeren Unternehmen der Auftraggeber notiert?	
Ist die Rechnung als solche gekennzeichnet?	
Enthält die Rechnung das richtige Ausstellungsdatum?	
Enthält die Rechnung eine fortlaufende, einmalig vergebene Rechnungsnummer?	
Wurde die Steuernummer oder die Umsatzsteuer-Identifikationsnummer richtig angegeben?	
Ist die Bankverbindung korrekt und vollständig?	
Wird der Zeitpunkt der Leistung genannt?	
Sind Umfang und die Art der Leistung genau bestimmt?	
Entspricht die Rechnungssumme (auch Stundenzahl/Stundensatz) der Vereinbarung?	
Werden im Voraus vereinbarte Minderungen wie etwa Rabatte, Boni oder Skonti berücksichtigt?	
Freiwillig, aber sinnvoll: Gibt es einen Fälligkeitshinweis?	
Stimmt der Umsatzsteuersatz (bei verschiedenen Leistungen gegliedert nach den einzelnen Beträgen): sieben oder 19 Prozent?	
Wenn der Rechnungsaussteller umsatzsteuerbefreit ist: ▸ Wurde darauf geachtet, dass in Rechnungen keine Umsatzsteuer auswiesen werden darf? ▸ Enthält die Rechnung einen Hinweis auf die Kleinunternehmerregelung?	

Für den Fall, dass eine eingehende Rechnung nicht korrekt ist, sollten Sie Ihren Geschäftspartner schnellstmöglich um eine Berichtigung bitten. Bedenken Sie, dass ein Vorsteuerabzug aufgrund einer berichtigten Rechnung erst zu dem Zeitpunkt geltend gemacht werden kann, an dem die neue Rechnung auch tatsächlich vorliegt.

> ***Muster: Bitte um Rechnungsberichtigung***
>
> *Sehr geehrter Herr Schmidt,*
>
> *vielen Dank für Ihre Rechnung vom 5. Februar 2014 (Rechnungsnummer: LG/123456). Leider entspricht der Ausweis Ihrer Mehrwertsteuer nicht den gesetzlichen Vorgaben. Außerdem haben Sie den Leistungszeitraum vergessen. Bitte schicken Sie mir bis zu dem von Ihnen genannten Zahlungstermin eine korrekte Rechnung, sonst kann ich Ihnen nur den Nettobetrag überweisen.*
>
> *Freundliche Grüße*

Kann ich die Rechnung per Mail senden?

Wenn etwas für Erleichterung am Arbeitsplatz steht, dann sind es die schnellen Übertragungswege, die E-Mails heute bieten. Doch gilt dies auch für Rechnungen? Lange Zeit galten hier besondere Anforderungen, die jedoch mit dem Steuervereinfachungsgesetz 2011 neu geregelt wurden. Damit wurden die elektronischen Rechnungen den Papierrechnungen gleichgestellt.

Damit sich eine elektronische Rechnung jedoch für den Vorsteuerabzug eignet, müssen einige Voraussetzungen erfüllt sein:

1. Die Rechnung muss alle Pflichtangaben/Rechnungsmerkmale enthalten.
2. Die Echtheit der Herkunft und die Unversehrtheit des Rechnungsinhalts müssen gewährleistet sein. Eine elektronische Signatur ist jedoch nicht mehr erforderlich.
3. Die Rechnung muss in einem elektronischen Format, meist als pdf-Datei, ausgestellt, versendet (zum Beispiel per Mail oder Download) und vor allem auch aufbewahrt werden.
4. Der Empfänger muss diesem Verfahren zustimmen, etwa per AGB oder auch durch „stillschweigende Zustimmung", sprich durch Bezahlen.

Wenn der Kunde nicht zahlt

Der Auftrag ist abgearbeitet, die Rechnung gestellt, vom Honorar wollen Sie sich endlich das neue Notebook leisten, das Sie schon die ganze Zeit im Laden anlächelt. Zwei Wochen vergehen, drei, vier – auf Ihrem Konto ist noch immer gähnende Leere.

Was nun kommt, ist oftmals eine Gratwanderung. Sie benötigen das Geld, weil Ihre Ausgaben natürlich auch weiterlaufen. Auf der anderen Seite wollen Sie den Kunden nicht verprellen, vor allem wenn Sie schon lange und gut mit ihm zusammenarbeiten und auf weitere Aufträge hoffen. Hier hilft oft schon der Griff zum Telefonhörer.

Praxistipp

Gerade bei größeren Unternehmen kann es mal vorkommen, dass eine Rechnung unterwegs hängen bleibt, zum Beispiel weil Sie den Auftraggeber nicht notiert haben, der direkte Auftraggeber gerade im Urlaub ist und das Ganze nicht abzeichnen kann oder Ähnliches. Gerade hier ist es sinnvoll, telefonisch nach dem Verbleib der Rechnung zu fragen.

Bei allen anderen Kunden ist es ratsam, sie noch einmal an den ausstehenden Betrag zu erinnern, bevor Sie schwerere Geschütze auffahren. Sie können aber auch sofort ein gerichtliches Mahnverfahren einleiten, sobald sich der Kunde im Verzug befindet, wenn er also nicht innerhalb von 30 Tagen nach Fälligkeit und Zugang einer Rechnung oder einer gleichwertigen Zahlungsaufforderung gezahlt hat. Dazu benötigen Sie keinen Rechtsanwalt (mehr Infos unter www.online-mahnantrag.de). Sollten Sie sich jedoch nicht sicher fühlen, ist es sicherlich besser, anwaltliche Hilfe in Anspruch zu nehmen. Ob Sie diesen Aufwand wirklich betreiben wollen, hängt natürlich von der Höhe des ausstehenden Betrags ab, schließlich müssen Sie beim Mahnverfahren in puncto Gerichtskosten erst einmal in Vorleistung treten. Andererseits wirkt bereits die Ankündigung eines gerichtlichen Mahnbescheides oft Wunder.

Muster: Zahlungserinnerung

Sehr geehrte Frau Müller,

sicher haben Sie übersehen, dass unsere Rechnung vom 31.12.2014 fällig ist. Eine Kopie der Rechnung finden Sie im Anhang dieses Schreibens.

> *Bitte überweisen Sie das fällige Honorar innerhalb der nächsten sieben Tage. Andernfalls werden wir nach Ablauf der gesetzten Frist unverzüglich ein gerichtliches Mahnverfahren anstreben.*
>
> *Freundliche Grüße*

Buchhaltung: Worauf muss ich achten?

Als Freiberufler müssen Sie keine doppelte Buchhaltung führen und auch nicht bilanzieren, hier genügt unabhängig von Ihrem Gewinn und Umsatz eine Einnahme-Überschuss-Rechnung (EÜR). Hierfür müssen Sie „nur" Ihre Betriebseinnahmen und -ausgaben einander gegenüberstellen, um Ihren steuerlichen Gewinn oder auch Ihren Verlust zu ermitteln. Klingt eigentlich ganz einfach, oder? Mithilfe einer guten Buchhaltungssoftware, die speziell für Einnahme-Überschuss-Rechner ausgelegt ist, dürfte dies auch machbar sein. Eine Alternative wäre die (vielleicht auch nur partielle) Beauftragung eines Steuerberaters.

Do it yourself oder Steuerberater?

Eine schwierige Entscheidung: Was wohl die meisten am Anfang davon abhält, die Buchhaltung in die Hände eines Steuerberaters zu geben, ist die Tatsache, dass ein Steuerberater für seine Arbeit Geld verlangt, und das ist zu Beginn vielleicht nicht immer in ausreichendem Maße vorhanden. Außerdem gibt es ja Programme und kostenlose Informationen im Internet. Von der Einstellung „Selbst ist der Mann bzw. die Frau" kommen viele jedoch recht schnell wieder ab, wenn sie merken, wie komplex – und oft auch unverständlich – die Materie ist. Besonders zu Beginn kostet es ziemlich viel Zeit, um sich mit allen Einzelheiten vertraut zu machen. Aber auch später, wenn das Tagesgeschäft läuft, müssen Sie regelmäßig Zeit aufwenden, um die Buchhaltung zu erledigen. Was können Sie als Betriebsausgabe von der Steuer absetzen und wo meckert das Finanzamt? „Do it yourself" bedeutet auch, dass Sie stets über die neusten Steueränderungen auf dem Laufenden sein müssen.

Erfahrungen aus der Praxis

Jens Seiler, Gedächtniskünstler: „Ein sehr großes Problem zu Beginn meiner Selbstständigkeit war die Suche nach einem geeigneten Steuerberater. Ich sprach bei einem nach dem anderen vor – ohne Erfolg. Die häufigste Begründung für eine Ablehnung: „Wir sind ausgelastet, wir nehmen keine weiteren Mandanten an." Einige wenige teilten mir mit, dass sie sich in meinem zu erwartenden Steuerumfeld nicht auskennen würden. Nach zahlreichen Ablehnungen übergab ich das Mandat dem ersten Steuerberater, der überhaupt bereit war, mich zu vertreten. Schnell stellte sich heraus, dass dieser viele meiner Fragen nicht zufriedenstellend beantworten konnte, weil sie zu spezifisch waren. Insbesondere bei Auslandsauftritten oder bei der Abrechnung mit der Künstlersozialkasse kam es zu Irritationen. Erst nach langem Suchen fand ich einen richtig guten Steuerberater – leider auch mit entsprechend hohen Honorarvorstellungen. Er kam mir entgegen, indem er die Jahresabschlussrechnung gegen einen Auftritt im Rahmen seiner Weihnachtsfeier eintauschte. Nach einigen Jahren im Beruf war ich erneut auf der Suche – mittlerweile hatte ich mir eine solide Basis aufgebaut und einen gewissen Bekanntheitsgrad geschaffen. So fiel es mir wesentlich leichter, einen geeigneten Berater zu finden.

Praxistipp

Die Frage ist also: Geld- oder Zeitaufwand? Wenn Ihnen die Entscheidung schwerfällt, lassen Sie doch Zahlen sprechen. Wie lange benötigen Sie, um sich einzuarbeiten und die Buchhaltung regelmäßig zu erledigen? Diese Zahl multiplizieren Sie mit Ihrem Stundensatz. Und welches Honorar würde der Steuerberater für seine Leistung verlangen? Vielleicht gehen Sie aber auch einen Mittelweg und nehmen nur einzelne Leistungen in Anspruch.

Wie finden Sie nun den für Sie richtigen Steuerberater? Ein sehr guter Weg sind Empfehlungen von Personen, die ähnliche Tätigkeiten wie Sie ausüben. Diese können Ihnen mit Sicherheit Auskunft darüber geben, wie gut die Zusammenarbeit klappt und worauf Sie achten müssen.

Praxistipp

Nehmen Sie auf jeden Fall ein Erstberatungsgespräch in Anspruch. Wie viel Zeit nimmt sich der Steuerberater, um Ihre Situation zu analysieren? Wenn bei Ihnen spezielle Umstände vorliegen, zum Beispiel Auslandsgeschäfte – kennt er sich damit aus? Hören Sie aber auch auf Ihr Bauchgefühl, schließlich werden Sie ihm ja Ihre Zahlen anvertrauen. Stimmt die Chemie?

Abheften, abheften und nochmals abheften

Wie schön wäre es, wenn Sie Ihrem Steuerberater Ihre Belege einfach in einem Schuhkarton überreichen könnten! Doch er wird sich in den wenigsten Fällen auf so etwas einlassen. Eine gewisse Vorarbeit müssen Sie schon leisten, und zwar durch organisiertes Abheften Ihrer Belege und Rechnungen in einem Ordner.

Achtung !

Die „monatliche Buchhaltung" ist Ihre Basis für alle weiteren Prozesse – auf ihr basiert die Eingabe in das Buchhaltungsprogramm bzw. sie wird an den Steuerberater weitergegeben.

Zunächst werden die einzelnen Monate durch Trennstreifen abgegrenzt: Jeder Monat sollte folgende Sparten enthalten:

- Bankgeschäfte: Den Ausgangspunkt für diesen Bereich bilden Ihre Kontoauszüge. Ob Telefon, Strom oder Büchereinkauf – hinter jedes Blatt werden die Eingangsrechnungen in der zeitlichen Reihenfolge des Zahlungsausgangs sortiert. Das Abheften ist gleichzeitig eine gute Gelegenheit, um zu prüfen, ob die Rechnungen den formalen Kriterien entsprechen, und um Ihre Zahlungsausstände im Auge zu behalten. Auch Geschäfte, die Sie über Ihre EC-Karte abgewickelt haben, finden in dieser Rubrik entsprechend dem Kontoauszug ihren Platz. Dazwischen heften Sie – je nach Zahlungseingang – die Kopien Ihrer Ausgangsrechnungen. Notieren Sie auf den Rechnungen, an welchem Tag der Betrag bei

Ihnen eingegangen ist, gegebenenfalls auch, warum ein eventueller Differenzbetrag fehlt oder später eingeht.

Achtung

Sicherlich haben Sie für bestimmte monatliche Zahlungen, wie zum Beispiel Krankenkassenbeiträge oder Autoraten, keine monatlichen Belege. Entsprechende Verträge oder Benachrichtigungen werden in einem Extra-Ordner oder in einer Extra-Rubrik aufbewahrt.

- Bargeschäfte: Fachzeitschriften, Parkgebühren, das Geschäftsessen – viele Dinge werden bar gezahlt und erhalten eine eigene Sparte in der monatlichen Buchhaltung. Heften Sie die einzelnen Kassenbons der Reihe nach ab, der älteste liegt unten. Diese Barzahlungen werden als sogenannte Privateinlagen verbucht.

Praxistipp

Viele Kassenbesitzer verwenden heute sogenanntes Thermodruckpapier. Diese Belege verblassen mit der Zeit und sollten daher kopiert und zusammengeheftet werden.

- Kreditkarte: Die Kreditkartenabrechnung sowie die entsprechenden Belege bilden eine weitere Sparte.

Sammeln Sie alle Belege sorgfältig, sie müssen zehn Jahre aufbewahrt werden. Natürlich kann es auch mal vorkommen, dass ein Beleg verloren geht. In diesen Fällen akzeptiert das Finanzamt einen sogenannten Eigenbeleg. Dieser sollte neben den üblichen Rechnungsangaben auch den Grund für den Eigenbeleg und, wenn möglich, einen Beleg für die Höhe des Preises enthalten (zum Beispiel Preisliste). Ein Eigenbeleg sollte jedoch nur eine Notlösung und nicht die Regel sein. Achtung: Vorsteuer dürfen Sie aus diesen Belegen nicht ziehen.

Praxistipp

Viele beginnen mit dem Sortieren der Belege immer dann, wenn die Umsatzsteuer-Voranmeldung fällig ist. Je nach Menge der Belege kann das richtig viel Zeit in Anspruch nehmen. Gewöhnen Sie sich daher besser an, die Belege sofort abzuheften, damit Sie bei Fälligkeit der Voranmeldung alles parat haben.

Die wichtigsten Betriebsausgaben von A bis Z

Betriebs-ausgabe	Besonderheiten
Akquisekosten	Ob Flyer, Zeitungsinserate, die Kosten für die eigene Homepage usw. – alle diese Aufwendungen sind Betriebsausgaben.
Bürokosten	Haben Sie ein Büro angemietet, so können Sie alle Kosten (Miete, Strom, Heizung, Reinigung etc.) steuerlich geltend machen. Befindet sich das Büro in Ihrer eigenen Wohnung, so gelten einige Besonderheiten, damit Sie die Kosten für das Zimmer – anteilig im Verhältnis zur Grundfläche der Wohnung – geltend gemacht können:

Betriebs-ausgabe	Besonderheiten
	▸ Das Büro muss von der übrigen Wohnung abgetrennt sein (also kein Durchgangszimmer und keine Arbeitsecke). ▸ Das Arbeitszimmer muss den „Mittelpunkt der gesamten betrieblichen und beruflichen Betätigung" bilden. ▸ Wer nicht ausschließlich im Arbeitszimmer tätig ist, z. B. Musiker, kann die Kosten in der Regel nur bis zu einem Höchstbetrag von 1.250 Euro pro Jahr absetzen. Die Büroeinrichtung (Schreibtisch, Stuhl, Aktenschrank) ist voll absetzbar. (Achtung: Abschreibung für Abnutzung – siehe unten.)
Büroschmuck	Auch in Ihrem Büro müssen Sie sich wohlfühlen. Kosten für Blumen, Kerzen oder sonstigen Schmuck sind steuerlich absetzbar.
Computer & Co.	Alle technischen Geräte (Telefonanlage, Drucker, Reiswolf etc.), die Sie benötigen, gelten als Betriebsausgabe. (Achtung: Abschreibung für Abnutzung – siehe unten.)
Fachbücher/ -zeitschriften	Sie müssen die berufliche Nutzung nachweisen können. Der Titel des Buches muss auf dem Beleg stehen. Bei Tageszeitungen wird oft eine private Mitnutzung unterstellt (Journalisten könnten hier eine Ausnahme bilden).
Fortbildung	Teilnahmegebühr plus Reisekosten und Spesen sind absetzbar.

Betriebs-ausgabe	Besonderheiten
Geschäfts-essen	70 % einschließlich des eigenen Verzehrs können geltend gemacht werden. Achten Sie darauf, dass die Bewirtungsbelege vollständig ausgefüllt werden. Kosten für einen Empfang in Ihren Räumen sind voll absetzbar. (Achtung: Ein Geburtstagsfest zu Hause wird eher kritisch beäugt – auch wenn Sie nur Geschäftsfreunde einladen.)
Geschenke	Blumen für den Geschäftspartner, ein Buch, eine Einladung ins Theater – wollen Sie Ihren Kunden eine Freude machen, die Kosten dafür aber absetzen, dürfen 35 Euro nicht überschritten werden. Achtung: bei Kleinunternehmern 35 EUR brutto, bei allen anderen 35 EUR netto
Kontoführung	Gebühren für das Geschäftskonto können Sie ebenso geltend machen wie die Zinsen für beruflich bedingte Darlehen.
Pkw-Kosten	Wird das Fahrzeug ausschließlich beruflich genutzt, so sind alle Aufwendungen vollständig absetzbar. Bei Freiberuflern dürfte dies jedoch seltener vorkommen – hier ist eher eine gleichzeitig private und berufliche Nutzung die Regel. Die Kosten sind entsprechend zu splitten – und das ist nicht ganz einfach (siehe unten).
Reisekosten	Ob Messe oder Kundenbesuch, beruflich bedingte Reisekosten (öffentliche Verkehrsmittel oder Auto) inklusive Hotel und Verpflegungsaufwand (Inland: 8–24 Stunden: 12 Euro, mind. 24 Stunden: 24 Euro) sind Betriebsausgaben.

Betriebs-ausgabe	Besonderheiten
Steuerberater- und Rechts-anwaltskosten	Die Beratungskosten müssen beruflich bedingt sein, Kosten für die persönliche Steuererklärung sind nicht mehr abzugsfähig.
Telefon, Handy, Internet	Ausschließlich beruflich genutzte Anschlüsse sind voll absetzbar. Besteht eine teilweise private Mitnutzung, so muss ein überdurchschnittlicher Umfang betrieblich veranlasster Gespräche von diesem Gerät glaubhaft gemacht werden. Sie können die Kosten pauschal (20 % der Gesamtkosten) geltend machen oder aber eine stärke Nutzung mittels Einzelverbindungsnachweis vorbringen.

!

Achtung

Schon vor Ihrer Existenzgründung haben Sie vielleicht Ausgaben, zum Beispiel für Büroausstattung, für Schulungen oder für die Beratung beim Steuerberater. Auch diese Gründungskosten können Sie steuerlich geltend machen.

Fahrtenbuch oder Einprozentregel

Wie bereits in der Übersicht angedeutet, ist das Thema Pkw-Kosten nicht ganz so einfach. Zunächst gilt es, erst einmal festzulegen, ob das Fahrzeug ein Privat- oder ein Firmenwagen ist. Wird es zu mehr als 50 Prozent beruflich genutzt, gilt es als Firmenwagen. Nutzen Sie das Fahrzeug zu mehr als zehn Prozent beruflich, *können* Sie es zum Betriebsvermögen erklären. Beides hat zur Folge, dass Sie alle Kosten für das Auto wie den Kaufpreis (Achtung: AfA), Benzin, Versicherung oder Reparaturen als Betriebsausgaben steuerlich geltend machen können. Im Gegenzug müssen Sie sämtliche Kosten, die auf eine private Nutzung zurückzuführen sind, als Betriebseinnahmen verbuchen.

Achtung

Haben Sie sich entschlossen, das Fahrzeug zu Ihrem Betriebsvermögen zu rechnen, dann hat das durchaus Vorteile. Zum Beispiel können Sie sich die Mehrwertsteuer (19 Prozent) zurückerstatten lassen. Auf der anderen Seite: Verkaufen Sie das Auto wieder, wird der Verkaufspreis Ihrem Gewinn zugerechnet.

Für die Ermittlung des privaten Nutzungsanteils haben Sie zwei Möglichkeiten:

- Einprozentregel: Hierbei setzen Sie monatlich eine Pauschale in Höhe von einem Prozent des Bruttolistenpreises (Neupreis des Fahrzeugs inklusive Mehrwertsteuer) an. Der Listenpreis ist im Übrigen auch bei Gebrauchtwagen maßgeblich.

Achtung

Sie dürfen die Einprozentregel nur anwenden, wenn Sie den Pkw zu mindestens 50 Prozent betrieblich nutzen. Das müssen Sie jedoch belegen können, zum Beispiel mithilfe Ihres Terminkalenders. Andernfalls müssen Sie auf das Fahrtenbuch zurückgreifen oder den Pkw als privat deklarieren.

- Fahrtenbuch: Hier müssen Sie jede einzelne Privatfahrt mit Kilometerangabe genau erfassen, jede Geschäftsfahrt muss mit Zeitangaben und Kilometerstand zu Beginn und Ende der Fahrt, mit Ziel, Fahrtroute und dem Zweck der Fahrt notiert werden.

Praxistipp

Wenn Sie das Fahrzeug nur sehr selten privat benutzen, dürfte ein Fahrtenbuch oftmals günstiger sein. Allerdings ist der Aufwand nicht gerade unerheblich, da Sie es zeitnah und fortlaufend führen müssen. Die Finanzbehörden sind da relativ pingelig. Eine Computerdatei (Excel) geht zum Beispiel nicht.

Haben Sie sich entschieden, dass der Pkw Privatvermögen sein soll, dann gelten sowohl die Anschaffungs- als auch die laufenden Kosten zunächst als private Aufwendungen. Fahrten, die Sie beruflich bedingt mit dem Fahrzeug unternehmen, müssen Sie einzeln nachweisen – zum Beispiel anhand eines Terminkalenders. Die hierfür anfallenden Kosten können Sie mit 30 Cent pro Kilometer steuerlich geltend machen.

Geringwertige Wirtschaftsgüter (GWG)

Jedes Wirtschaftsgut, bei dem die Anschaffungs- bzw. Herstellungskosten den Betrag von 410 Euro (ohne Mehrwertsteuer) nicht übersteigen, wird als „geringwertiges Wirtschaftsgut" bezeichnet – vorausgesetzt, es handelt sich um ein bewegliches, abnutzbares und selbstständig nutzbares Gut.

Achtung

Ein typischer Irrtum, dem viele Gründer unterliegen: Computerzubehör wie zum Beispiel Drucker, Scanner oder externe Festplatten gelten, auch wenn ihr Anschaffungspreis unter 410 Euro liegt, nicht als geringwertige Wirtschaftsgüter, da sie nicht selbstständig nutzbar sind.

Seit 2010 haben Sie im Hinblick auf die steuerliche Geltendmachung von GWG ein Wahlrecht: Zum einen können Sie Güter mit einem Wert von mehr als 150 Euro bis 410 Euro im Jahr der Anschaffung (oder Herstellung) sofort steuerlich geltend machen. Oder aber Sie nehmen die GWG in einen Sammelposten auf und schreiben ihn über fünf Jahr linear ab. Ob Sie nun die Sofortabschreibung oder den Sammelposten wählen, die Entscheidung gilt für alle in einem Wirtschaftsjahr angeschafften GWG.

Absetzung für Abnutzung (AfA)

Während Sie normale Betriebsausgaben wie eben beschrieben im Jahr der Anschaffung in voller Höhe geltend machen können, müssen größere Anschaffungen, wie etwa ein Fahrzeug, Computer oder andere technische Geräte, deren Kaufpreis über 410 Euro zuzüglich Mehrwertsteuer liegt, über mehrere Jahre verteilt „abgeschrieben werden. Hier spricht man von einer „Absetzung für Abnutzung", kurz AfA.

Über welchen Zeitraum die einzelnen Wirtschaftsgüter abzuschreiben sind, legen die Finanzbehörden in der sogenannten „AfA-Tabelle“ fest. Diese finden Sie unter anderem auf den Seiten des Bundesfinanzministeriums.

Beispiele für Abschreibungsdauer

- *Computer + Peripheriegeräte (Drucker, Scanner): 3 Jahre*
- *Pkw: 6 Jahre*
- *Faxgeräte: 6 Jahre*
- *Büromöbel: 13 Jahre*
- *Foto-, Film-, Video- und Audiogeräte: 7 Jahre*
- *Kopierer: 7 Jahre*

Die EÜR: Einnahmen versus Ausgaben

Die Einnahmen-Überschuss-Rechnung (EÜR) ist die Grundlage für die Besteuerung: Um Ihre jährliche Einkommensteuererklärung abgeben zu können, müssen Sie Ihren Gewinn des entsprechenden Jahres ermitteln. Doch die Aufstellung Ihrer Einnahmen und Ausgaben ist auch wichtig für Ihre Umsatzsteuer-Voranmeldung. Gleichzeitig haben Sie folgende Vorteile:

- Sie haben Überblick über Ihren geschäftlichen Erfolg.
- Sie können Investitionsentscheidungen besser treffen.
- Sie können rechtzeitig geeignete Maßnahmen treffen, um den Gewinn zu erhöhen oder auch zu senken.

Wie erstellt man nun eine Einnahmen-Überschuss-Rechnung? Es ist einfacher, als es klingt, erst recht, wenn Sie die notwendige Vorarbeit geleistet und alle Geldeingänge (Betriebseinnahmen) und -ausgänge (Betriebsausgaben) wie besprochen sortiert und in ein Buchhaltungsprogramm oder alternativ in eine Excelliste eingetragen haben. Ein Buchhaltungsprogramm verfügt in der Regel bereits über die entsprechenden Funktionen, um eine EÜR zu generieren.

Im Wesentlichen geht es bei der Einnahmen-Überschuss-Rechnung darum, Ihre Betriebseinnahmen den getätigten Betriebsausgaben gegenüberzustellen. Das Ergebnis ist der zu versteuernde Gewinn oder der Verlust.

Achtung

Die Betriebsausgaben sollten nach den wichtigsten Kostenarten, die bei Ihnen anfallen (siehe Tabelle Seite 85), gegliedert sein. Am besten orientieren Sie sich dabei an dem amtlich vorgeschriebenen Formular „Anlage EÜR", das Ihrer Einkommensteuererklärung beigefügt werden muss. Liegen Ihre Betriebseinnahmen unter 17.500 Euro, genügt anstellte des Formulars auch eine formlose Gewinnermittlung.

Auf Seite 1 des EÜR-Formulars werden zunächst Ihre Einnahmen abgefragt. Beachten Sie, dass hierzu neben Ihrem Umsatz auch die oben besprochenen Privatanteile gehören – zum Beispiel wenn Sie Telefon oder Firmenwagen auch privat nutzen. Zudem müssen Sie hier angeben, in welcher Höhe Sie Anlagevermögen (zum Beispiel ein Auto) veräußert haben oder das Finanzamt Ihnen Umsatzsteuer erstattet hat.

!

Experten kommen zu Wort

Sonja Schuster, Steuerberaterin: „Um sich in den ersten Jahren Liquidität zu verschaffen, können Sie die Bildung eines Investitionsabzugsbetrags ins Auge fassen. Das heißt konkret: Sie planen eine Rücklage für die künftige Anschaffung eines abnutzbaren beweglichen Wirtschaftsguts (zum Beispiel für ein Auto). Damit können Sie bis zu 40 Prozent der Anschaffungskosten bereits im Vorfeld in Abzug bringen – zum Beispiel wenn Sie einen hohen Gewinn versteuern müssen. Haben Sie das Fahrzeug im Folgejahr (oder später) erworben, müssen Sie in der EÜR entweder die Anschaffungskosten um diesen Betrag mindern oder den Betrag Ihrem Gewinn hinzurechnen. Achtung: Wenn Sie den geplanten Pkw nicht innerhalb der nächsten drei Jahre kaufen, wird der Abzug im Jahr der Bildung rückgängig gemacht und die hierauf entfallende Steuer wird zudem mit sechs Prozent verzinst!"

Weiter geht es mit Ihren Ausgaben, zum Beispiel:

- Waren inklusive Nebenkosten
- Fremdleistungen
- Kraftfahrzeugkosten
- Raumkosten
- Reisekosten
- sonstige Kosten wie Porto, Bücher oder Büromaterial

Neben den üblichen Aufwendungen müssen Sie auch die „Absetzung für Abnutzung" dokumentieren – also die Beträge für Güter, die Sie über einen längeren Zeitraum abschreiben müssen. Hierzu ist ein gesondertes Anlageverzeichnis mit sämtlichen beweglichen Wirtschaftsgütern (Auto, Computer, Schreibtisch) beizufügen.

Auf Seite 3 des Formulars wird schließlich der Gewinn ermittelt.

Umsatzsteuervoranmeldung – monatlich oder quartalsweise?

Wenn Sie auf die Kleinunternehmerregelung verzichtet haben, sind Sie verpflichtet, in Ihren Rechnungen Umsatzsteuer auszuweisen. Diese müssen Sie regelmäßig – als Existenzgründer zunächst monatlich – an das Finanzamt weitergeben. Hierzu müssen Sie eine sogenannte Umsatzsteuer-Voranmeldung abgeben. Dafür existiert ein gleichnamiges Formular, in das Sie im Wesentlichen folgende Daten eingeben müssen:

- steuerpflichtige Umsätze mit 19 Prozent Umsatzsteuer (Summe Ihrer Ausgangsrechnungen zu diesem Steuersatz – Achtung: nur die Beträge ohne Umsatzsteuer): Zeile 51
- steuerpflichtige Umsätze mit sieben Prozent Umsatzsteuer (Summe Ihrer Ausgangsrechnungen zu diesem Steuersatz – Achtung: nur die Beträge ohne Umsatzsteuer): Zeile 86

- abziehbare Vorsteuerbeträge (Summe der Umsatzsteuerbeträge aus Ihren Belegen): Zeile 66

Mittlerweile gibt die Finanzverwaltung für die Umsatzsteuer-Voranmeldung den elektronischen Übermittlungsweg vor, d. h. Sie müssen am sogenannten Elsterverfahren teilnehmen. Alle gängigen Buchhaltungsprogramme enthalten inzwischen eine entsprechende Schnittstelle, andernfalls können Sie auch das ElsterOnline-Portal (www.elster.de) nutzen.

Für die elektronische Meldung benötigen Sie zwingend ein elektronisches Zertifikat, das Ihre eigenhändige Unterschrift ersetzt und Sie als Absender ausweist. Dieses erhalten Sie bei „ElsterOnline" (www.elsteronline.de).

Praxistipp

Wenn Sie das Elster-Formular verwenden, dann rechnet das Programm automatisch nach Eingabe Ihrer Daten die verbleibende Umsatzsteuer-Vorauszahlung (also das, was Sie an das Finanzamt überweisen müssen) oder gegebenenfalls den verbleibenden Überschuss (was Ihnen die Behörde erstattet) aus.

Sie sind verpflichtet, die Umsatzsteuer-Voranmeldung jeweils bis zum 10. des Folgemonats abzugeben – auch wenn Sie in einem Anmeldezeitraum überhaupt keine Einnahmen (also keinen Umsatz) hatten. In diesem Fall tragen Sie bei den steuerpflichtigen Umsätzen eine Null ein. Auch in einem solchen Fall können Sie die Umsatzsteuer aus Ihren Ausgaben geltend machen, d. h. Sie erhalten eine Erstattung vom Finanzamt. Vorsicht: Mit dem

Termin ist nicht zu spaßen – das Finanzamt ist schnell mit Säumniszuschlägen, auch wenn es sich nur um wenige Tage handelt. Um das zu umgehen, können Sie eine Dauerfristverlängerung beantragen, damit wird der Abgabetermin auf den 10. des übernächsten Monats verschoben.

Achtung

Wenn die Finanzbehörde feststellt, dass Sie weniger als 7.500 Euro Umsatzsteuer eingenommen haben, müssen Sie die Voranmeldung nur noch quartalsweise abgeben. Bei weniger als 1.000 Euro ist die Voranmeldung nur noch am Ende des Jahres fällig.

Generell liegt der Umsatzsteuersatz in Deutschland bei 19 Prozent, für verschiedene Produkte und Dienstleistungen gilt jedoch ein ermäßigter Steuersatz von sieben Prozent, zum Beispiel bei Lebensmitteln, Büchern oder öffentlichen Verkehrsmitteln. Und dann gibt es auch noch die Briefmarke, für die fällt überhaupt keine Umsatzsteuer an.

Die Steuererklärung: Stichtag 31. Mai

Nun ist es also so weit: Die erste Steuererklärung kommt auf Sie zu – und damit unter Umständen vielleicht auch die erste Ernüchterung. Während bei Festangestellten die Lohnsteuer zusammen mit dem Arbeitslohn eingezogen wird, müssen Selbstständige ihre Einkommensteuer entsprechend ihrem Gewinn – und damit nachträglich – zahlen. Wenn Sie also in Ihrem ersten Jahr recht gut Umsatz gemacht haben, kann nun eine ordentliche Nachzahlung auf Sie zukommen. Wichtig ist daher stets, dass Sie diese Pflicht nicht aus den Augen verlieren und bereits im Laufe des Jahres etwas Geld zurücklegen.

Darüber hinaus kann das Finanzamt festlegen, dass Sie künftig Vorauszahlungen auf die Einkommensteuer zahlen müssen. Wenn Sie Ihren Umsatz in dieser Höhe halten können, dann ist das vielleicht gar nicht so schlecht – dann müssen Sie im nächsten Jahr nicht wieder eine größere Summe aufbringen. Was ist jedoch, wenn das Geschäft schlechter wird? Mit einem Antrag auf Herabsetzung der Einkommensteuer-Vorauszahlungen können Sie in einem solchen Fall Abhilfe schaffen.

Muster: Antrag auf Herabsetzung

Sehr geehrte Damen und Herren,

Mit Bescheid vom … haben Sie Einkommensteuer-Vorauszahlungen in Höhe von … Euro festgelegt. Aufgrund eines erheblichen Auftragsrückgangs wird sich jedoch mein zu versteuernder Gewinn im laufenden Jahr von … Euro auf voraussichtlich … Euro verringern. Aus diesem Grund bitte ich Sie, meine Einkommensteuer-Vorauszahlungen entsprechend herabzusetzen.

Die Einkommensteuerbelastung steigt mit der Höhe Ihres zu versteuernden Einkommens (Ihres Gewinns) an; dabei gibt es einen Grundfreibetrag in Höhe von 8.354 Euro auf den keine Steuern anfallen. Neben der Einkommensteuer aus selbstständiger Tätigkeit fallen Solidaritätszuschlag (5,5 Prozent) und gegebenenfalls Kirchensteuer an.

Wenn Sie zusätzliche Einnahmen haben, zum Beispiel aus nicht selbstständiger Tätigkeit oder aus Vermietung, müssen diese ebenfalls hinzugerechnet werden.

Praxistipp

Mit dem Online-Rechner können Sie schon mal ermitteln, was auf Sie zukommen wird: www.bmf-steuerrechner.de

Auch für die Einkommensteuererklärung stehen Ihnen amtliche Formulare zur Verfügung, die Sie verwenden müssen. Ihre Erklärung hat insgesamt folgende Bestandteile:

- Formular Einkommensteuererklärung (Mantelbogen)
- Anlage S (Einkünfte aus selbstständiger Arbeit), eventuell weitere Anlagen, wenn andere Einkünfte vorliegen
- Anlage EÜR + Anlagespiegel
- Formular Umsatzsteuererklärung

Der Termin zur Abgabe der Einkommensteuererklärung ist in der Regel der 31.Mai des Folgejahres – wenn sie von Ihrem Steuerberater erstellt wird, der 31. Dezember. In begründeten Ausnahmefällen, zum Beispiel wenn Sie im Moment einen erhöhten Auftragsanfall haben, kann das Finanzamt eine Fristverlängerung gewähren. Dafür muss rechtzeitig ein formloser Antrag gestellt werden.

Auf den Punkt gebracht

- Als Freiberufler müssen Sie keine doppelte Buchhaltung führen, Sie ermitteln Ihren Gewinn mithilfe einer Einnahmen-Überschuss-Rechnung. Diese Gewinnrechnung müssen Sie zusammen mit Ihrer Einkommensteuererklärung und einer Aufstellung Ihres Anlagevermögens abgeben.
- Sofern Sie auf die Kleinunternehmerregelung verzichtet haben, müssen Sie Umsatzsteuer auf Ihren Rechnungen ausweisen und an das Finanzamt abführen. Dazu müssen Sie regelmäßig – zunächst monatlich – eine Umsatzsteuer-Voranmeldung abgeben.
- Um die Umsatzsteuer-Voranmeldung, aber auch die Einnahmen-Überschuss-Rechnung gut vorzubereiten, sollten Sie Ihre Belege immer sorgfältig sammeln, abheften und aufbewahren.
- Auf den Gewinn aus Ihrer selbstständigen Tätigkeit sowie auf sämtliche andere Einkommensarten, die Sie haben, müssen Sie Einkommensteuer zahlen. Hinzu kommen 5,5 Prozent Solidaritätszuschlag und eventuell Kirchensteuer. Termin zur Abgabe der Steuererklärung ist der 31. Mai. Für die Steuererklärung müssen Sie die amtlichen Formulare verwenden.
- Sie können Buchhaltung und Steuererklärung selbst machen oder aber einem Steuerberater übergeben. Rechnen Sie Kosten gegen Zeitaufwand!

Als Einzelkämpfer auf sich allein gestellt?

Gerade zu Beginn der Selbstständigkeit lohnt es sich für viele nicht, ein eigenes Büro anzumieten: Miete, Telefonkosten, Internetgebühren usw. – diese zusätzlichen Kosten müssen erst einmal erwirtschaftet werden. Oftmals wird daher im ausgebauten Dachboden, im Kellerbüro oder am Küchentisch Stellung bezogen.

Es gibt sicherlich nicht wenige, die die Arbeit in den eigenen vier Wänden genießen – die Vorteile sind – mal ganz abgesehen von den geringeren Kosten – nicht von der Hand zu weisen: Man hat keine großen Wege, ein paar Tätigkeiten im Haushalt kann man zwischendurch erledigen und für Freiberufler mit Kindern sollte auch die Kinderbetreuung um einiges einfacher zu bewältigen sein. Jetzt kommt jedoch das große ABER: Auch wenn viele Festangestellte manchmal sagen „Ihr habt's gut, ihr könnt zu Hause arbeiten!", das Dasein im heimischen Büro hat auch seine Schattenseiten. Vor allem der fehlende Austausch mit Kollegen ist es, der oft beklagt wird. Da ist niemand, den man mal schnell fragen kann: „Sag mal, wie findest du das?", oder: „Fällt dir dazu was Besseres ein?"

Auch die Trennung zwischen Beruf und Privatleben dürfte nicht immer ganz einfach sein. Während es für die einen von Vorteil ist, nebenbei noch Dinge im Haushalt erledigen zu können, beklagen sich andere über die größere Ablenkung, die mit der Wohnumgebung verbunden ist. Hier muss noch die Spülmaschine ausgeräumt, dort die Wäsche aufgehängt werden. Das ist im Prinzip nicht schlimm, wenn man gerade eine ruhigere Auftragslage hat und eine Pause einschieben kann. Doch erfahrungsgemäß lässt man sich auch gerne mal ablenken, wenn ein dringender Auftrag schwerfällt oder ein Kunde anstrengend ist. Die Folge: Man schiebt seine eigentliche Arbeit vor sich her und sitzt unter Umständen länger am Schreibtisch, als man eigentlich wollte.

Praxistipp

Wer sehr anfällig für die kleinen Ablenkungen des Alltags ist, dem helfen manchmal feste Grundsätze weiter: Legen Sie für Hausarbeiten und andere private Pflichten einfach konkrete Zeiten fest (zum Beispiel den Abend, den Freitagnachmittag) – im Prinzip so, wie das bei Festangestellten auch ist.

Ein weiteres Problem des Homeoffice ist das Image. Hier kommt es selbstverständlich immer auf den Einzelfall an – bestimmte Berufsbilder brauchen einfach keine repräsentativen Räume, um vor Kunden bestehen zu können. In der Regel lässt sich jedoch durch ein externes Büro eine bestimmte Größe darstellen. Auch Kundenbesprechungen dürften im Homeoffice kaum realisierbar sein – die wenigsten werden ihre Kunden zu einer geschäftlichen Besprechung nach Hause einladen. Ein externes Büro mit einem zusätzlichen Platz für Besprechungen könnte hier Abhilfe schaffen – aber damit wären wir wieder bei der Kostenfrage.

Ihr Vermieter muss es im Übrigen nicht dulden, dass Sie in der Wohnung eine geschäftliche Tätigkeit ausüben. Wenn

Sie jedoch keine Mitarbeiter in der Wohnung beschäftigen oder wenn es sich nach Art und Umfang um eine Tätigkeit handelt, von der auch bei etwaigem Publikumsverkehr keine weiter gehenden Einwirkungen auf die Mietsache oder die Mitmieter ausgehen als bei einer üblichen Wohnungsnutzung, muss er im Einzelfall seine Erlaubnis erteilen (BGH, Urteil vom 14. Juli 2009 – VIII ZR 165/08).

Erfahrungen aus der Praxis

Hans-Peter Sander: „Seit Jahren arbeite ich als selbstständiger PR-Berater, immer in einem kleinen Büro in der Wohnung. Meine Freiheiten genieße ich, aber quer über den Schreibtisch Gedanken und Erlebnisse auszutauschen, spontan kleine oder auch große Probleme zu lösen, das fehlte mir von Anfang an. Und: Mit dem Monitor ist schlecht Kaffeetrinken. Als ich vom Berliner Betahaus las, fragte ich mich, warum das nicht auch in unserem Städtchen möglich sein soll. Geht es den wohl 200 Freiberuflern im Ort, von denen ich die meisten gar nicht persönlich kannte, nicht ähnlich wie mir? Das habe ich in meinem Blog gepostet und die große Resonanz hat mich überrascht. Seit Anfang 2013 gibt es das ‚Ammersee Denkerhaus' – ein Coworking-Space mit viel innovativem Raum für gemeinsames Arbeiten. Aller Anfang war zwar nicht ganz einfach, aber mittlerweile sind wir wirklich froh, dass wir hier einen gemeinsamen Ort zum Arbeiten und Austauschen gefunden haben."

Dieses Kapitel soll Ihnen einen kleinen Überblick über die Möglichkeiten geben, die Ihnen als Freiberufler offenstehen, um den Einzelkämpferstatus (vielleicht auch nur partiell) abzulegen.

Welche Vorteile hat eine Bürogemeinschaft?

Eine gute Möglichkeit, freiberuflich tätig zu sein, aber dennoch nicht auf soziale Kontakte zu verzichten, bietet die Bürogemeinschaft. Mehrere Freiberufler schließen sich hier zusammen und teilen sich Büroraum, Büroausstattung und unter Umständen sogar Personal, zum Beispiel eine Empfangsdame. Die Vorteile sind offensichtlich: Geteilte Kosten sind niedrige Kosten! Zusammen kann man sich repräsentative Geschäftsräume leisten, in die man auch mal einen Kunden einladen kann, und auch dem gemütlichen Kaffeeplausch mit dem Büronachbarn steht nichts im Wege. Dennoch ist man selbstständig und arbeitet weiterhin auf eigene Rechnung – was nicht ausschließt, dass sich gemeinsame Projekte ergeben können.

! **Achtung**

Aufgrund standesrechtlicher Normen und Verschwiegenheitspflichten dürfen sich Ärzte und Anwälte nur mit Vertretern des gleichen Standes ein Büro teilen.

Organisatorisch bieten sich zwei Möglichkeiten: Entweder ein Freiberufler übernimmt die Miete des Büroraums allein und schließt mit anderen einen Untermietvertrag. Damit setzt sich der Vertragsunterzeichner natürlich immer dem Risiko aus, dass einer seiner Untermieter seine Miete nicht zahlen kann. Mieten mehrere Freelancer zusammen einen Büroraum, gründen sie automatisch eine Gesellschaft bürgerlichen Rechts (GbR). Damit haften sie für alles, was sie gemeinsam unternehmen (alles was den Büroraum und die gemeinsame Ausstattung betrifft). Ein schriftlicher Gesellschaftsvertrag ist nicht erforderlich, wird aber empfohlen.

> **Achtung**
>
> Auch wenn die niedrigen Kosten im Vordergrund stehen, sollten Sie sich Ihre neuen Bürokollegen genau anschauen. Auch die Chemie muss stimmen.

Oder doch gleich eine Partnerschaft?

Eine Bürogemeinschaft ist Ihnen nicht genug? Sie wollen die Verantwortung auf mehrere Schultern verteilen? Sie wollen Kunden gegenüber Manpower signalisieren? Dann haben Sie sicherlich bereits über einen Zusammenschluss mit anderen Freiberuflern nachgedacht, der über den Umfang einer Bürogemeinschaft hinausgeht. Das deutsche Gesellschaftsrecht stellt Ihnen hierzu verschiedene Rechtsformen zur Verfügung:

- ***Gesellschaft bürgerlichen Rechts (GbR):*** Sie ist wohl die Gründergesellschaft Nummer eins. Man benötigt mindestens zwei Gesellschafter, die sich zu einem bestimmten Zweck zusammentun, und einen Gesellschaftsvertrag (nicht notwendig schriftlich). Für die Gründung ist kein Mindestkapital erforderlich, da die Gesellschafter mit ihrem Privatvermögen für alle Verbindlichkeiten der Gesellschaft gemeinsam haften. Freiberufler-GbRs sind von der Buchführungspflicht befreit. Die Firma muss einen Gesellschafternamen und das Kürzel GbR enthalten.

- *Partnerschaftsgesellschaft:* Sie ist eine typische Freiberufler-Gesellschaft. Da nur Freiberufler Partner werden dürfen, gelten die vereinfachten Buchführungsvorschriften und auch die Gewerbesteuerfreiheit bleibt bestehen. Ein Mindestkapital ist zur Gründung nicht erforderlich. Hauptvorteil: Im Gegensatz zur GbR lässt sich die Haftung gegenüber Kunden, Mandanten oder Patienten bei Fehlern auf das Privatvermögen der Partner beschränken, die mit dem Auftrag befasst waren. Die Partnerschaftsgesellschaft muss ins Partnerschaftsregister eingetragen werden. Der Firmenname muss aus mindestens einem Gesellschafternamen, dem Zusatz „und Partner" (oder „Partnerschaft") sowie den in der Gesellschaft vertretenen Berufen bestehen (Weinrich & Partner, Rechtsanwälte).
- *GmbH:* Im Gegensatz zu den beiden vorhergehenden Gesellschaften ist die GmbH eine Kapitalgesellschaft und damit in ihrem rechtlichen Bestand von den Gesellschaftern unabhängig. Ihre Gründung ist durch eine oder mehrere Personen möglich. Hierzu muss ein Gesellschaftsvertrag notariell beurkundet werden. Das Stammkapital der Gesellschaft muss mindestens 25.000 Euro betragen. Vor Eintragung in das Handelsregister müssen die Mindesteinlagen in Höhe von mindestens 12.500 Euro erbracht werden. Die Haftung einer GmbH ist auf das Vermögen der GmbH beschränkt, d. h. die Gesellschafter haften nicht mit ihrem Privatvermögen.
  Achtung: Bei der Gründung einer GmbH verlieren Sie Ihr Freiberufler-Privileg: Eine Kapitalgesellschaft gilt als Gewerbebetrieb und muss damit Gewerbesteuern zahlen.

Auch doppelte Buchführung und Bilanzierung sind nun verpflichtend.

- *Mini-GmbH (Unternehmergesellschaft/UG haftungsbeschränkt):* Seit November 2008 steht Existenzgründern eine neue Rechtsformvariante der GmbH zur Verfügung: die Unternehmergesellschaft (haftungsbeschränkt). Der Vorteil Nummer 1: Trotz der Haftungsbeschränkung auf das Gesellschaftsvermögen liegt das gesetzlich vorgeschriebene Mindeststammkapital bei nur einem Euro. Sacheinlagen sind nicht möglich. Die Gesellschaft muss jedoch eine eigenkapitalbegründende Rücklage in Höhe von 25 Prozent des jährlichen Gewinns bilden, bis ein Stammkapital von 25.000 Euro erreicht wurde. In diesem Fall kann die UG als normale GmbH weitergeführt werden. Zwar ist der Gang zum Notar immer noch Pflicht, doch sieht der Anhang des GmbH-Gesetzes eine Mustersatzung („Musterprotokoll") vor, bei deren Verwendung eine kostengünstigere Gründung möglich ist, da hier nur noch die Unterschrift notariell beglaubigt werden muss.

Achtung !

Leider ist das Musterprotokoll zu einfach gefasst und daher für viele Standardfälle oft nicht ausreichend. Sobald Sie beispielsweise mehr als drei Gründungsgesellschafter sind oder ein Gesellschafter mehrere Anteile erwerben will, ist die Verwendung der Mustersatzung ausgeschlossen.

Co-Working: Gemeinsame Synergien nutzen

Ein neuer Trend hat sich in den vergangenen Jahren herausgebildet, um Freiberufler aus der Isolation ihrer Heimbüros zu holen – das sogenannte Co-Working. Der englische Begriff bedeutet nichts anderes als „Zusammenarbeiten". Verstärkt in Berlin, aber auch in vielen anderen Großstädten, haben sich deutschlandweit sogenannte Co-Working Spaces gebildet, als Alternative für Freiberufler, die hin und wieder auswärts arbeiten, aber kein Büro anmieten wollen.

Beispiele für Co-Working Spaces in Deutschland

- *BETAHAUS Berlin (www.betahaus.de)*
- *Unperfekthaus Essen (www.unperfekthaus.de)*
- *Combinat 56 (http://www.combinat56.de)*
- *Coworking Düsseldorf (www.garagebilk.de)*
- *Coworking Nürnberg (www.coworking-nuernberg.de)*

Beim Co-Working geht es vor allem darum, den Nutzern über einen gewissen Zeitraum Arbeitsplatz zur Verfügung zu stellen. Diesen mieten Sie jedoch nicht fest, sondern Sie kaufen im Vorfeld ein Zeitkontingent (zum Beispiel 60 Stunden) und können dieses, wann immer Sie wollen, einlösen, um an den Arbeitsplätzen der Einrichtung zu arbeiten. Stellen Sie sich so ungefähr einen Mix aus Carsharing für Schreibtische, Nutzungs-/Bezahlmodell Fitnessstudio und Kaffeehaus vor. Die Nutzungsmodalitäten variieren natürlich von Einrichtung zu Einrichtung, das zugrunde liegende Prinzip ist jedoch dasselbe.

Die Vorteile liegen auf der Hand:

- Sie sind zeitlich flexibel. Es fallen nur Kosten an, wenn Sie den Platz nutzen. Ihren Arbeitsplatz zu Hause können Sie weiter behalten.
- Viele Einrichtungen verfügen über eine sehr gute Infrastruktur, zum Beispiel über technische Geräte, die Sie sich selbst vielleicht nicht leisten können.
- Sie können zusätzliche Konferenzräume anmieten, um Kunden zum Gespräch einzuladen.
- Und dann wäre da doch der Austausch mit Gleichgesinnten, gemeinsame Projekte und Synergien nicht ausgeschlossen.

Experten kommen zu Wort

Alexander Greisle, Unternehmensberater mit Schwerpunkt neue Arbeitsformen: „Offene und kommunikative Räume haben Vor- und Nachteile. Gehen Sie daher am besten gezielt und aufgabenbezogen in den Co-Working-Ort und planen Sie konzentrierte und vertrauliche Arbeiten zeitlich ein. Schaffen Sie Kommunikationspuffer in Ihrem Tagesplan und nehmen Sie einen Kopfhörer mit. Die folgende Checkliste hilft Ihnen zu prüfen, welcher CoWorking Space für Sie geeignet ist."

Checkliste: Welcher Co-Working Space passt zu Ihnen?	
1. Wählen Sie den richtigen Ort!	✓
▸ Welche räumlichen Anforderungen ergeben sich aus Ihrer Art zu arbeiten (zum Beispiel Seminarräume, abgeschlossene Räume, viel Licht)?	
▸ Brauchen Sie spezielle Kreativräume?	
▸ Wie ist Ihr Kommunikationsverhalten?	
2. Achten Sie auf die Ausstattung!	
▸ Durch die gemeinsame Nutzung werden teure Werkzeuge bezahlbar. Welche wären für Sie nützlich (Beamer, besondere Drucker etc.)?	
▸ Bietet der Co-Working Space das schon?	
▸ Oder können sie dort angeschafft werden?	
▸ Ist das Preis-Leistungs-Verhältnis in Ordnung?	
▸ Gibt es auch ein Café/einen Aufenthaltsraum für den Plausch zwischendurch?	
3. Achten Sie auf die richtigen Personen!	
▸ Wer sich mit erfolgreichen Menschen umgibt, wird selbst erfolgreich. Arbeiten die richtigen Menschen im Co-Working-Ort?	
▸ Welche Berufsgruppen sind hier vertreten? Können sich nützliche Synergien ergeben?	
▸ Wie wird eine ruhige Arbeitsweise sichergestellt?	
▸ Stimmt die Chemie? Vereinbaren Sie einen Probearbeitstag!	
▸ Werden zusätzliche Veranstaltungen angeboten, die für Sie interessant sein können, zum Beispiel Networking-Treffen, Workshops o. Ä.?	

Als „fester Freier“ im Unternehmen

„Freier Mitarbeiter gesucht“ – solche Stellenanzeigen sind in der heutigen Zeit gar nicht so selten. Viele Unternehmen, besonders in der Medien- und Kommunikationsbranche, aber auch im IT-Bereich, setzen mittlerweile auf freie Mitarbeiter, um ihre Personalkosten gering zu halten. Schließlich ist der Organisationsaufwand nicht groß und sie müssen nur für die tatsächlich geleistete Arbeit zahlen. Außerdem fallen bei den Freien weder Sozialversicherungsbeiträge noch Lohnfortzahlung im Urlaub oder Krankheitsfall an. Darüber hinaus haben sie auch keinen Anspruch auf Kündigungsschutz und sind flexibel ganz nach Bedarf einsetzbar. Oftmals werden sogar ehemalige Arbeitnehmer, die zuvor aus betriebsbedingten Gründen gekündigt wurden, danach als Selbstständige im Unternehmen weiterbeschäftigt.

Auch immer mehr Absolventen greifen in den letzten Jahren verstärkt nach dem rettenden Strohhalm, um den Start ins Berufsleben zu schaffen. Kein schlechter Einstieg, um die notwendige Berufserfahrung zu erlangen, doch oftmals werden freie Mitarbeiter so stark in die Organisationsprozesse des Unternehmens eingebunden, dass man von einer Scheinselbstständigkeit ausgehen kann.

Vorsicht: Scheinselbstständigkeit

Von Scheinselbstständigkeit spricht man, wenn ein Erwerbstätiger formal als Selbstständiger in Erscheinung tritt, in Wirklichkeit aber abhängig beschäftigt ist. Eine Abgrenzung ist in vielen Fällen nur schwer möglich.

Wie viele Auftraggeber ein Freiberufler hat, spielt in puncto Scheinselbstständigkeit – entgegen hartnäckigen Gerüchten – nur eine untergeordnete Rolle. Relevant ist hingegen die Frage, inwieweit der Freelancer in den Betrieb des Arbeitgebers eingebunden ist. Indizien hierfür sind beispielsweise, wenn Sie im Unternehmen einen festen Arbeitsplatz haben oder sogar im Telefonverzeichnis mit eigener Nummer geführt werden. Interessant ist auch, ob man Ihnen hinsichtlich Ihrer Arbeitsweise Weisungen erteilt.

!

Achtung

Stellt die Clearingstelle der Deutschen Rentenversicherung Bund im sogenannten Statusverfahren eine Scheinselbstständigkeit fest, muss der Arbeitgeber rückwirkend Sozialversicherungsbeiträge zahlen und Lohnsteuerpflichten erfüllen. Zudem kann der Betroffene seinen Arbeitnehmerstatus vor Gericht einklagen.

Die Prüfung ist sicherlich immer einzelfallbezogen. Die folgende Checkliste kann Ihnen daher nur Anhaltspunkte geben. Je mehr Fragen Sie mit Nein beantworten, desto mehr spricht für eine Scheinselbstständigkeit.

Checkliste: Liegt hier eine Scheinselbstständigkeit vor?	
Haben Sie andere Auftraggeber und können Sie diese auch vollkommen frei auswählen?	
Können Sie auch jeden anderen Auftrag annehmen?	
Können Sie auch Aufträge des Unternehmens ohne Weiteres ablehnen?	

Checkliste: Liegt hier eine Scheinselbstständigkeit vor?	
Tragen Sie selbst das Unternehmerrisiko, d. h. keine Arbeit, kein Geld?	
Werden Sie nach Rechnung bezahlt und weisen Sie darin ggf. Umsatzsteuer aus?	
Unterliegt Ihr Einkommen monatlichen Schwankungen?	
Können Sie frei bestimmen, wo und wann Sie arbeiten? (Unterliegen Sie also keinem Dienstplan o. Ä.?)	
Verzichtet man darauf, Ihre Anwesenheit zu kontrollieren?	
Sie sind nicht verpflichtet, an jeder internen Besprechung teilzunehmen?	
Können Sie auch Urlaub nehmen, wann es Ihnen passt?	
Organisieren Sie Ihre Arbeit selbst?	
Verzichtet der Auftraggeber darauf, Ihnen in puncto Arbeitszeit und Arbeitsweise Weisungen zu erteilen?	
Haben Sie außerhalb des Unternehmens noch ein Büro?	
Verwenden Sie Ihr eigenes Arbeitsgerät, zum Beispiel Laptop, Telefon etc.?	
Treten Sie nach außen als Unternehmer auf, zum Beispiel durch Visitenkarten, Webseite, Werbung?	

Alles auf eine Karte gesetzt?

Lieber den Spatz in der Hand als die Taube auf dem Dach! Dies ist das Motto vieler, die froh sind, dass sie als feste Freie in einem Unternehmen mit Arbeit versorgt werden und damit ein „relativ“ sicheres, regelmäßiges Einkommen erzielen. Neben der Scheinselbstständigkeit, auf die eben schon hingewiesen wurde, lauern hier aber weitere Gefahren: Viele Mitarbeiter sind so fest an das Unternehmen gebunden, dass sie gar keine Kapazitäten frei haben, um für weitere Auftraggeber zu arbeiten. Auch wenn das Einkommen auf diese Weise sicher scheint und die Einbindung in ein Team äußerst angenehm sein kann, so bedeutet das andererseits eine starke Abhängigkeit von diesem einen Auftraggeber. Solange der Rubel rollt, ist alles in Ordnung; sollte das Unternehmen jedoch beispielsweise von heute auf morgen weniger Arbeit für Sie haben, dann tragen Sie das Risiko. Ohne Kündigungsschutz kann das Einkommen von einem Tag auf den anderen wegfallen, sofern Sie nicht in einem Freien-Mitarbeiter-Vertrag etwas anderes vereinbart haben. Auch ein Streit oder ein neuer Angestellter, der eigene Freelancer „mitbringt", können das Aus für Sie bedeuten. Die unangenehme Folge: Sie müssen schnellstmöglich neue Auftraggeber finden – und so lange verdienen Sie kein Geld. Als Selbstständiger fängt Sie auch kein Arbeitslosengeld auf.

Loyalitätsprobleme vorprogrammiert

Je nachdem, wie stark Sie eingebunden sind, haben Sie auch – ob Sie wollen oder nicht – Einblick in gewisse Geschäftsinterna. Dies macht es umso schwieriger, gleichzeitig für andere Auftraggeber (in der gleichen Branche) zu arbeiten. Ihr Hauptauftraggeber hat zu Recht ein Interesse daran, dass bestimmte Dinge nicht nach außen getragen werden, und wird einer weiteren Beschäftigung für einen Konkurrenten mit Misstrauen oder gar Unmut begegnen. Schneller, als Ihnen lieb ist, finden Sie sich plötzlich in einer

Loyalitätskrise wieder, obwohl Sie doch eigentlich aufgrund Ihrer Selbstständigkeit angehalten sind, für mehrere Unternehmen zu arbeiten.

Praxistipp

So attraktiv und sicher eine feste freie Mitarbeiterschaft in einem Unternehmen auch erscheint, so kann dies durchaus kritisch für Sie werden. Halten Sie sich daher Ihr Risiko immer vor Augen. Es ist sinnvoller, immer mehrere Eisen im Feuer zu haben, auch wenn die Auftragslage im Moment toll ist. Dies kann sich nämlich schnell ändern. Nutzen Sie die Zeit, um Kontakte zu anderen Auftraggebern herzustellen und um sich ein gutes Netzwerk aufzubauen.

Nein, ich kann nicht mal schnell …

Ein weiteres Problem: Personalabbau bedeutet oftmals, dass die im Unternehmen verbleibenden Mitarbeiter mit mehr Arbeit überhäuft werden. Wird ein freier Mitarbeiter in die Firma geholt, um die Mitarbeiter zu entlasten, und ist dieser auch noch fachlich gut und flexibel, so wird er sich bald vor neuen Aufträgen nicht mehr retten können (sofern er keinen Rahmenvertrag vereinbart hat). Schnell entsteht der Eindruck: „Die brauchen mich hier!", was für manche Freiberuflerseele ein sehr angenehmes Gefühl sein kann.

Doch hüten Sie sich davor, jedem „Kannst du mal schnell … „ und „Ich bräuchte dringend …" nachzugeben. Achten Sie besser darauf, dass Ihr Arbeitsgebiet und Ihre Aufgaben konkret abgesteckt sind. Sollte Sie ein Kollege mit einer neuen Aufgabe überrumpeln wollen, so sagen Sie ihm freundlich, aber bestimmt, dass Sie zwischen Tür und Angel nicht über neue Aufträge sprechen möchten und Sie so bald wie möglich auf ihn zukommen werden, um alles Weitere zu besprechen.

Dokumentieren Sie den neuen Auftrag am besten mittels einer Mail, in der Sie das Besprochene nochmals wiedergeben, und fordern Sie Ihren Auftraggeber auf, Ihnen den Auftrag zu bestätigen. Beachten Sie: Sie sind Unternehmer und stellen Ihrem Auftraggeber eine Rechnung. Es ist an Ihnen zu beweisen, was Sie in der entsprechenden Zeit gemacht haben.

! **Achtung**

Es ist wichtig, dass Sie Ihren Kollegen klarmachen, dass Sie selbst über Ihre Kapazitäten bestimmen.

Soll ich jetzt Mitarbeiter einstellen?

Sie haben einen glänzenden Start hingelegt und sich innerhalb kürzester Zeit einen respektablen Kundenstamm aufgebaut. Mittlerweile kommt es hin und wieder sogar vor, dass Sie Aufträge ablehnen müssen. Das ist Ihnen jedoch nicht recht, weil Sie für diese fantastische Auftragslage hart gearbeitet haben und außerdem Ihre Kunden nicht verlieren wollen. Nun stehen Sie vor der Entscheidung: das Ganze groß aufziehen, Mitarbeiter einstellen – oder doch lieber bei einer Auftragsflut auf freie Mitarbeiter setzen?

Erfahrungen aus der Praxis

Jutta Cram, Lektorin: „Ich habe mich 1998 selbstständig gemacht. Als immer mehr Aufträge kamen, stand ich vor der Entscheidung: Aufträge ablehnen oder Unterstützung ins Boot holen? Ich habe mich für Letzteres entschieden, da ich meine Kunden nicht enttäuschen wollte. Aus demselben Grund kam für mich nur jemand Festes infrage, keine freien Mitarbeiter. Die Aufträge sollten zügig und in der gewohnten Qualität erledigt werden. Das konnte ich bei fest Angestellten, die bei mir im Büro arbeiten, am besten sicherstellen. Außerdem ist so immer jemand für die Kunden erreichbar, auch bei Krankheit oder Urlaub. Diese Vorteile wiegen das höhere Risiko und den größeren bürokratischen Aufwand bei Weitem auf. Mittlerweile habe ich zwei Mitarbeiterinnen, auf die ich mich hundertprozentig verlassen kann, genau wie unsere Kunden."

Die Entscheidung, feste Mitarbeiter einzustellen, bedeutet für Sie natürlich ein größeres Risiko. Sie müssen in Zukunft nicht nur für sich selbst, sondern auch für den Mitarbeiter Aufträge ranschaffen. Gleichzeitig können Sie jedoch auch mehr annehmen und stellen sicher, dass immer jemand im Büro ist. Bedenken Sie dabei: Sie zahlen für Ihren Mitarbeiter auch, wenn er krank oder im Urlaub ist.

Sie befürchten, durch einen fest angestellten Mitarbeiter eine zu starke Bindung einzugehen? Wenn Sie weniger als fünf Mitarbeiter haben, gilt das Kündigungsschutzgesetz nicht, d. h. Sie können den Mitarbeiter – ohne Grund – innerhalb der vereinbarten Kündigungsfrist kündigen. Wenn Sie mehr als vier, aber weniger als zehn Mitarbeiter haben, gilt das Kündigungsschutzgesetz eingeschränkt.

Praxistipp

Wenn Sie keine Vollzeitkraft benötigen, könnte die Einstellung eines Mini-Jobbers eine günstige Alternative sein. 450-Euro-Minijobs sind nach dem Gesetz geringfügig entlohnte Beschäftigungen. Diese sind sozialversicherungsfrei, d. h. verdient der Arbeitnehmer regelmäßig bis zu 450 Euro im Monat, muss er keine Sozialversicherungsbeiträge zahlen, sondern erhält sein Arbeitsentgelt in der Regel brutto für netto. Die pauschalen Abgaben und Beiträge zur Sozialversicherung übernehmen Sie als Arbeitgeber in Höhe von rund 30 Prozent (15 Prozent für Rentenversicherung, 13 Prozent für Krankenversicherung, zwei Prozent Pauschalsteuer [Abgaben für Lohnsteuer, Solidaritätszuschlag und Kirchensteuer] sowie 0,15 Prozent Umlage). Alle wichtigen Informationen hierzu finden Sie unter: www.minijob-zentrale.de.

Freie Mitarbeiter können Sie hingegen nach Bedarf einsetzen, müssen aber in Kauf nehmen, dass sie nicht immer verfügbar sind. Sie sehen, beide Varianten haben Vor- und Nachteile. Um Ihnen die Entscheidung etwas zu erleichtern, stellt die folgende Tabelle die wichtigsten Faktoren einander gegenüber.

Das sind die Vorteile und Nachteile	
Festangestellte	**Freie Mitarbeiter**
Zu Lohn und Lohnnebenkosten kommen Entgeltfortzahlung im Krankheitsfall und bei Urlaub, ev. noch Urlaubsgeld und andere Gratifikationen hinzu.	Sie zahlen nur für die tatsächlich geleistete Arbeit. Der Mitarbeiter kann flexibel und nach Bedarf eingesetzt werden.
Der Lohn ist durch Vertrag festgelegt.	Das Honorar ist je nach Projekt immer wieder neu verhandelbar.
Sie müssen für jeden Mitarbeiter Lohnsteuern und den Arbeitgeberanteil zur Sozialversicherung abführen.	Mit der Steuer und den Sozialversicherungsbeiträgen haben Sie nichts zu tun.
Sie brauchen unter Umständen ein größeres Büro.	Freie Mitarbeiter arbeiten oft im Homeoffice.
Ab fünf Mitarbeitern und einer Unternehmenszugehörigkeit von sechs Monaten gilt das Kündigungsschutzgesetz.	Freie Mitarbeiter haben keinen Kündigungsschutz.
Festangestellte sind an die von Ihnen vorgegebenen Arbeitszeiten gebunden. In dieser Zeit sind sie immer verfügbar.	Der freie Mitarbeiter kann seinen Tag selbst einteilen. Sie können ihm allerdings das Projektende vorgeben.
Mit Festangestellten bündeln Sie das Wissen (Kontakte, Workflows) im Haus.	Sie kaufen externes Wissen ein, müssen aber dafür in Kauf nehmen, dass der Freie nicht an Sie gebunden ist.

Das sind die Vorteile und Nachteile	
Festangestellte	**Freie Mitarbeiter**
Anhand des Arbeitsvertrags und Ihres Weisungsrechts bestimmen Sie, welche Aufgaben der Angestellte erledigen muss.	Freie Mitarbeiter können Aufträge auch ablehnen, wenn sie keine Kapazitäten frei haben oder nicht mehr für Sie arbeiten wollen.

Auf den Punkt gebracht

- Viele Freiberufler sind als Einzelkämpfer in Ihrem Homeoffice auf sich allein gestellt. Oft fehlt der berufliche Austausch, die Ablenkungsmöglichkeiten sind groß, der Empfang von Kunden meist unmöglich.
- In einer Bürogemeinschaft lässt sich ein kostengünstiger Arbeitsplatz außerhalb der eigenen Wohnung schaffen. Hier teilt man Raum, Ausstattung und eventuell Personal mit anderen Freiberuflern. Oft ergeben sich auf diese Weise neue Synergien und Projekte.
- Co-Working, der neue Trend, der mittlerweile nicht nur in Großstädten für Begeisterung sorgt, geht in dieselbe Richtung. Hier mietet man bei Bedarf einen Arbeitsplatz oder kauft ein Zeitguthaben. Eine interessante Alternative für diejenigen, die ihr Homeoffice nicht vollständig aufgeben wollen.

- Für alle, die das Ganze etwas größer aufziehen oder ihre Kunden mit mehr Manpower überzeugen wollen, bietet sich ein Zusammenschluss mit anderen Freiberuflern an. Infrage kommen die GbR, die Partnerschaftsgesellschaft, die GmbH und auch die UG (haftungsbeschränkt).
- Mitarbeiter einstellen oder auf Freie setzen? Beides hat seine Vor- und Nachteile. Was ist Ihnen wichtig?
- Als fester Freier im Unternehmen hat man in der Regel ein scheinbar sicheres Einkommen, doch Vorsicht: Die Abhängigkeit von einem Kunden ist meist nicht von Vorteil (Stichwort Scheinselbstständigkeit).

Selbstständig – selbst und ständig

Jeden Abend bis zwölf, kein freies Wochenende, der letzte Urlaub liegt Jahre zurück – mal ehrlich, das ist doch kein Leben! Leider jedoch Realität bei vielen Ihrer „Leidensgenossen". Auch der Spruch: „Ja, ja, als Freiberufler hat man entweder zu viel oder zu wenig zu tun" tröstet Sie sicherlich nicht.

Hinzu kommt die Tatsache, dass es in der Regel immer etwas zu tun gibt: Zu den Kundenaufträgen kommen noch viele andere Dinge hinzu, die auf den ersten Blick kein Geld bringen, aber trotzdem erledigt werden müssen: Kundenakquise, Pressearbeit, neue Inhalte für die Webseite und, nicht zu vergessen, die Erledigung der leidigen Buchhaltung, um nur einige Beispiele zu nennen. Und der Tag hat nur 24 Stunden. Damit Sie dennoch die Arbeitsflut bewältigen können und dabei noch Zeit für ein bisschen Privatleben finden, ist ein gutes Zeitmanagement notwendig.

Disziplin versus Freiheit

Als Freiberufler kann man sich seine Zeit frei einteilen, so heißt es zumindest. Stimmt das wirklich? Theoretisch ja, schließlich kann man – im Vergleich zu vielen Festangestellten – selbst entscheiden, ob und wann man bestimmte Aufträge erledigt, wann man den Arbeitstag beginnt und beendet oder in welcher Geschwindigkeit man arbeitet.

In der Praxis dürften jedoch einige Einschränkungen dieser These gelten: Zunächst ist man sicherlich ein Stück weit abhängig von den Arbeitszeiten seiner Auftraggeber. Und natürlich von deren Erwartungen an Ihre (permanente) Verfügbarkeit: „Können Sie mal schnell drüber schauen?" – „Ich bräuchte das Logo aber schon morgen." – „Am besten gestern." Sätze wie diese sind wohl vielen Freelancern bekannt. Oft gerät man dadurch in eine Zwickmühle: Auf der einen Seite will man den Kunden nicht verprellen, auf der anderen Seite hat man vielleicht aber gerade überhaupt keine Zeit, den Auftrag mit der sonst üblichen Sorgfalt zu erledigen. Hinzu kommen Unwägbarkeiten, die sich vorher häufig nicht einkalkulieren lassen: Ein Kunde, dessen Auftrag Sie fest eingeplant haben, springt kurz vorher ab; ein Auftrag ist aufwendiger und kostet Sie mehr Zeit als geplant; oder Sie fühlen sich einfach an einem Tag nicht wohl und die Arbeit bleibt liegen. Eine bis ins Kleinste durchgetaktete Planung wird wohl bei den wenigsten funktionieren.

Achtung

Wichtig ist vor allem, dass Sie Ihren Kunden mitteilen, wenn Sie im Moment wenig freie Kapazitäten haben. Den Kunden täglich zu vertrösten oder schlimmstenfalls schlechte Arbeit abzuliefern, ist unprofessionell. Ähnlich verhält es sich mit den Ausreden: krank, Computer kaputt, Daten weg – kann alles mal passieren, wenn jedoch ständig etwas dazwischenkommt, so spricht das für ein schlechtes Zeitmanagement, das durch die Ausreden auch nicht besser wird.

Auf eine zumindest grobe Planung Ihrer Kapazitäten werden Sie trotzdem nicht verzichten können. Notieren Sie sich also kontinuierlich alle Aufgaben, die Sie erledigen müssen, mit dem geschätzten Zeitaufwand – ob Sie das in Tages-, Wochen- oder Monatszyklen tun, hängt von Ihrer Tätigkeit und dem eingeplanten Arbeitsaufwand ab. Achten Sie jedoch darauf, dass Sie sich neben den Kundenaufträgen auch Zeitfenster für die Pflege Ihrer Webseite, die Buchführung oder die Kundenakquise reservieren. Berücksichtigen Sie außerdem, dass auch mal das Telefon klingelt, von der täglichen E-Mail-Flut gar nicht zu sprechen. Auch hierfür sollten Sie mindestens 30 Minuten täglich einkalkulieren.

Achtung

Jede eingehende Mail ist ein Konzentrationskiller: Wenn Sie sich leicht ablenken lassen, sollten Sie sich Zeitblöcke reservieren, in denen Sie ausschließlich Ihre E-Mails bearbeiten. Wie häufig ein E-Mail-Block notwendig ist, hängt von Ihrer Arbeit ab. Vielleicht reicht Ihnen sogar nur einmal am Tag?

Ob kostenpflichtig oder gratis, im Internet finden Sie eine Vielzahl von Zeitmanagement-Tools, mit deren Hilfe Sie einfach erfassen können, wie viel Zeit Sie für verschiedene Projekte, für Buchhaltung oder für andere Aufgaben einplanen. Die Suche nach dem richtigen Programm könnte allerdings ein wenig Zeit in Anspruch nehmen, da jede Tätigkeit andere Anforderungen an die Funktionalität stellt. Probieren Sie am besten aus, welches Tool zu Ihnen passt. Die gute alte Checkliste auf dem Papier oder ein Excelblatt sollten auch ihren Dienst erfüllen.

Praxistipp

Auch wenn der Auftrag aufwendiger ist als geplant: Informieren Sie Ihren Auftraggeber rechtzeitig darüber und erläutern Sie ihm auch die Gründe, sodass er sich zumindest darauf einstellen kann. Unter Umständen sollten Sie sogar Ihr Honorar neu verhandeln.

Bislang war nur von komplizierter Planung, ständiger Verfügbarkeit und Informationspflichten die Rede – wo bleibt denn nun die so oft gerühmte Freiheit? Schließlich ist das einer der Gründe, warum man die selbstständige Tätigkeit gewählt hat. Nun, Sie haben es selbst in der Hand. Es ist Ihre Verantwortung, als Unternehmer einzuschätzen, wann der Arbeitstag für Sie zu Ende ist. Wenn dringende Abgabetermine sind – keine Frage, der Job geht in der Regel vor. Ist die Auftragslage aber mal nicht so angespannt oder haben Sie ausreichend Puffer eingeplant, was spricht dagegen, mal bereits um 13.00 Uhr den Rechner abzuschalten und spazieren zu gehen, Freunde zu treffen, ins Kino zu gehen – oder wozu Sie sonst Lust haben? Als Freiberufler haben Sie diese Möglichkeit, die Ihren Kollegen in der Festanstellung verwehrt ist. Und warum sollten Sie nur die Nachteile der Selbstständigkeit, wie etwa das unternehmerische Risiko, die Buchhaltungspflichten oder die mühsame Kundenakquise auf sich nehmen? Nein, gönnen Sie sich auch mal einen freien Tag, einfach so – und ohne schlechtes Gewissen, sagen wir am Mittwoch? Sie werden sehen, mit ein bisschen Abstand, einer kleinen Erholungspause, vielleicht auch mit neuen Eindrücken kehren Sie gleich mit viel mehr Energie zurück an Ihren Schreibtisch.

Auszeit zum Kräftetanken

Mal schnell zum Einkaufen, zur Post oder zum Arzt – eigentlich normale Vorgänge, die bei vielen Selbstständigen jedoch hintanstehen. Vorrang haben meist die Kunden, die Projekte, die Aufträge. „Aber wenn die erledigt sind, dann …" – kommen die nächsten. Oft nimmt man sich noch nicht einmal die Zeit, eine Krankheit richtig auszukurieren. Schließlich kann man ja jeden Laptop mit ins Bett nehmen. Dennoch: Nehmen Sie Ihre Gesundheit nicht auf die leichter Schulter. Ihr Körper, Ihr Geist, Ihre Energie – das ist Ihr Kapital als Freiberufler! Gönnen Sie sich hin und wieder eine Auszeit. Fahren Sie weg, sammeln Sie neue Eindrücke, holen Sie sich die Energie, die Sie brauchen, um den Stress Ihrer Selbstständigkeit besser bewältigen zu können.

!

Achtung

Gerade wenn man sehr angespannt ist, fällt das Abschalten im Urlaub schwer. Man denkt zu oft an den Job, macht sich vielleicht Sorgen, dass in der Abwesenheit etwas passieren könnte, checkt immer wieder Mail und Handy. Die Folge: Die Familie ist sauer, der Erholungseffekt gering.

Die folgenden „Urlaubstipps" sollen Ihnen dabei helfen, im nächsten Urlaub richtig abzuschalten, damit der erwünschte Erholungseffekt auch wirklich eintritt:

- Versuchen Sie, alle wichtigen Aufgaben vor dem Urlaub abzuarbeiten, damit Sie nicht mit einem schlechten Gewissen in den Urlaub fahren. Ein paar Unterlagen oder

Die Autorin

Claudia Kilian hat viele Jahre als freiberufliche Lektorin und Redakteurin gearbeitet. Ihr Schwerpunkt: rechtliche Themen für Nichtjuristen verständlich machen. Aus eigener Erfahrung, aber auch durch Gespräche mit befreundeten Freiberuflern weiß sie, welche Schwierigkeiten mit dem Start in die Freiberuflichkeit verbunden sein können.

Weitere Informationen unter: www.rechtundsprache.de

Impressum:

Verlag C. H. Beck im Internet: www.beck.de
ISBN: 978-3-406-67188-3

Wilhelmstraße 9, 80801 München

Lektorat und DTP: Text+Design Jutta Cram, 86157 Augsburg,
www.textplusdesign.de
Umschlaggestaltung: Bureau Parapluie, 85238 Petershausen
Umschlagbild: iStockphoto.com © Lorenzo Pastore
Druck und Bindung: Beltz Bad Langensalza GmbH,
Neustädter Straße 1–4, 99947 Langensalza

Gedruckt auf säurefreiem, alterungsbeständigem Papier
(hergestellt aus chlorfrei gebleichtem Zellstoff)

den Laptop mit in den Urlaub nehmen, all das ist tabu! Sie wollen doch Abstand gewinnen, oder?

- Setzen Sie sich zwei Tage vor dem eigentlichen Urlaubsbeginn als Frist. So haben Sie noch etwas Zeit, um runterzufahren, die Koffer in Ruhe zu packen, sich auf den Urlaub zu freuen.
- Ob per Telefon, E-Mail oder über Ihre Webseite: Teilen Sie Ihren Kunden rechtzeitig mit, in welchem Zeitraum Sie nicht erreichbar sein werden. Nur ganz wichtigen Kunden sollten Sie die Möglichkeit zugestehen, Sie im Notfall auf dem Handy zu erreichen.
- Sie müssen nicht ständig erreichbar sein. Wenn möglich, lassen Sie Ihr Handy gleich ganz zu Hause, oder schalten Sie es zumindest ab. Sie entscheiden, ob und wann Sie Ihre Nachrichten abhören oder zurückrufen.
- Ein Anrufbeantworter und der Abwesenheitsassistent Ihres Mailprogramms halten zu Hause die Stellung.
- Wieder zu Hause: In Ihrem Postfach stapeln sich die E-Mails, der Anrufbeantworter ist heiser. Jetzt heißt es, sich erst einmal einen Überblick zu verschaffen. Gehen Sie es ruhig an, vereinbaren Sie keine wichtigen Termine, sonst ist der Erholungseffekt gleich wieder weg.